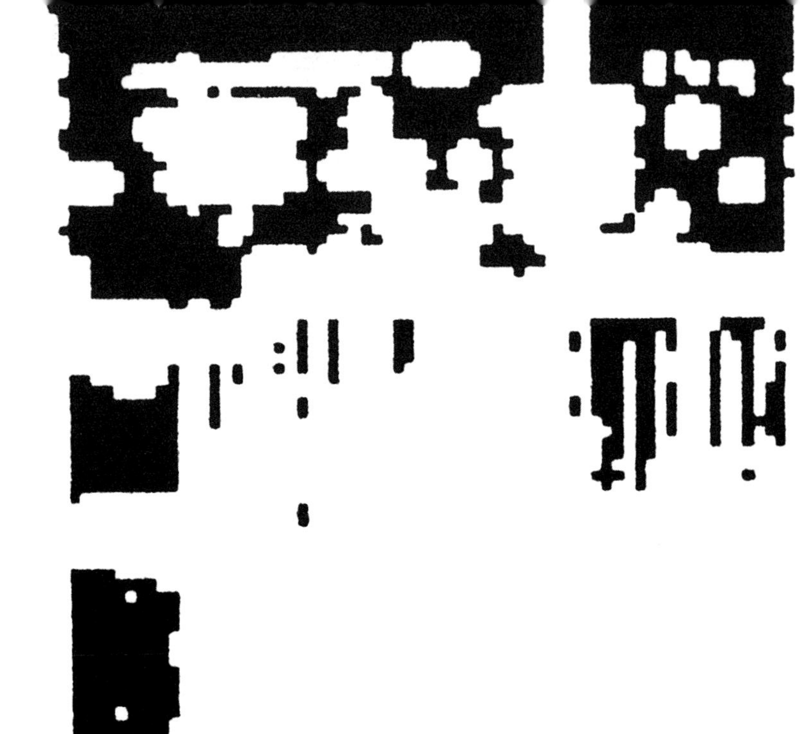

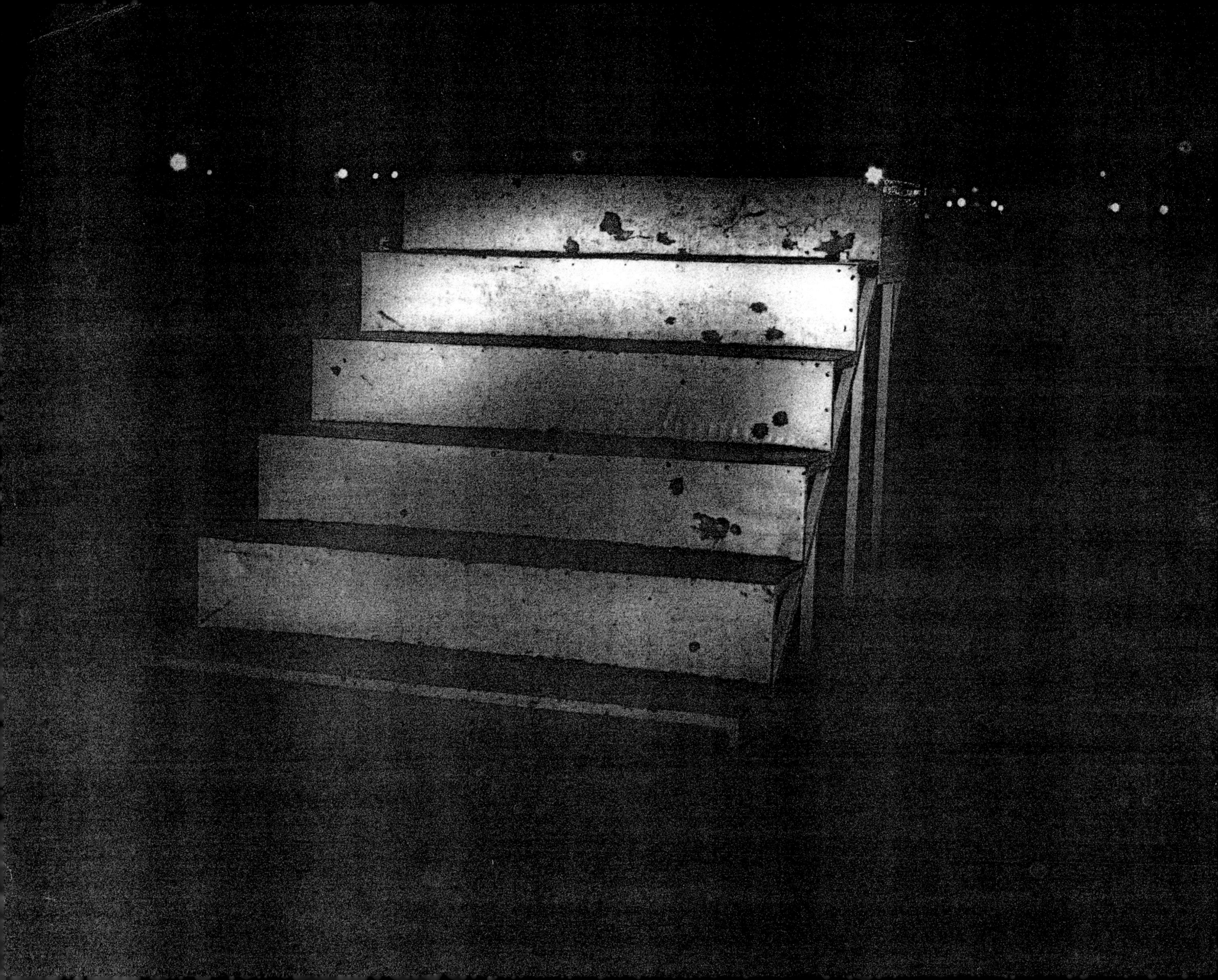

in the primordial ocean, a tiny organism stirs. it is covered with a light-sensitive pigment, an eyespot, that seeks the sun and turns the organism toward it. the act is not seeing, but the precursor of seeing. it is part of the fundamental impulse in all living things to reach for light, part of the indomitable will to see.

i stand at the edge of the ocean and i think of those eyespots and of the single-cell creatures that, eons ago, began the miraculous process of sight. i, too, strain to see—to see the waves, the sand, the shells and seaweed and debris that wash ashore. my eyes are animated by the same impulse, the same will to see. but my eyes don't work, at least not fully, because they are blocked by disease. the scene around me appears through a kind of curtain, a haze. if i bend down, i will have a hard time telling a stone apart from a shell, a coin from a piece of sea glass. if i were to pick up a discarded newspaper, i would not be able to read it. during a lifetime as a writer and editor, reading newspapers—or news in any form—had been a natural and indis-pensable part of myself. my existence seemed to be wrapped in the printed word. no longer.

until the onset of my disease, i was literally unaware of my eyes, with the occasional trivial exception of needing glasses or having somebody extricate a speck of dust. now i am aware of my eyes almost constantly. i imagine them as distinct globes inside my head. i try to visualize the intricate vessels and veins and conduits in these globes. i think of their fragility but also of their power.

__henry grunwald

im urstadium des ozeans rührt sich ein winziger organismus. er ist mit einem lichtempfindlichen pigment bedeckt, einem augenpunkt, der die sonne sucht und den organismus dieser zuwendet. der akt ist kein sehakt, sondern der vorläufer des sehens. er ist teil des fundamentalen impulses aller lebewesen sich dem licht zuzustrecken, teil des unbeherrschbaren willens zu sehen.

ich stehe am rande des ozeans und denke an jene augenpunkte und die einzeller, die vor äonen den wundersamen prozess des sehens begannen. auch ich strenge mich an zu sehen—die wellen und den sand, die muscheln und den seetang und das treibgut, das an die küste gespült wird. meine augen sind vom selben impuls getrieben, dem selben willen zu sehen. aber meine augen funktionieren nicht, zumindest nicht vollständig, da sie durch krankheit eingeschränkt sind. die szenerie um mich herum erscheint durch eine art vorhang, wie durch nebel. wenn ich mich bücke habe ich schwierigkeiten einen stein von einer muschel zu unterscheiden und eine münze von einem stück glas. fände ich ein stück alte zeitung, ich könnte sie nicht lesen. während meines lebens als autor und redakteur war das zeitungslesen—oder das von nachrichten in jeder form—ein natürlicher und unverzichtbarer teil von mir. meine existenz schien umhüllt vom gedruckten wort. vorbei.

bis zum ausbruch meiner krankheit war ich mir meiner augen buchstäblich unbewußt, mit der üblichen trivialen ausnahme eine brille zu benötigen oder jemanden ein stück schmutz aus meinem auge entfernen zu lassen. jetzt bin ich mir meiner augen fast ständig bewußt. ich stelle sie mir als entfernte globen in meinem kopf vor. ich versuche die verwobenen gefäße und adern und leitungen in diesen globen zu verbildlichen. ich denke an ihre zerbrechlichkeit, aber auch an ihre macht.

__henry grunwald

grain and sheep farmer ralph clark can neither read nor write. he was first confused, then insulted during his f.m.h.a. appeal hearing last august in lewistown, montana. "i'm mad," he yelled out. jamming his hat down on his head, he sat sullenly beside his wife, kay, for the rest of the morning.

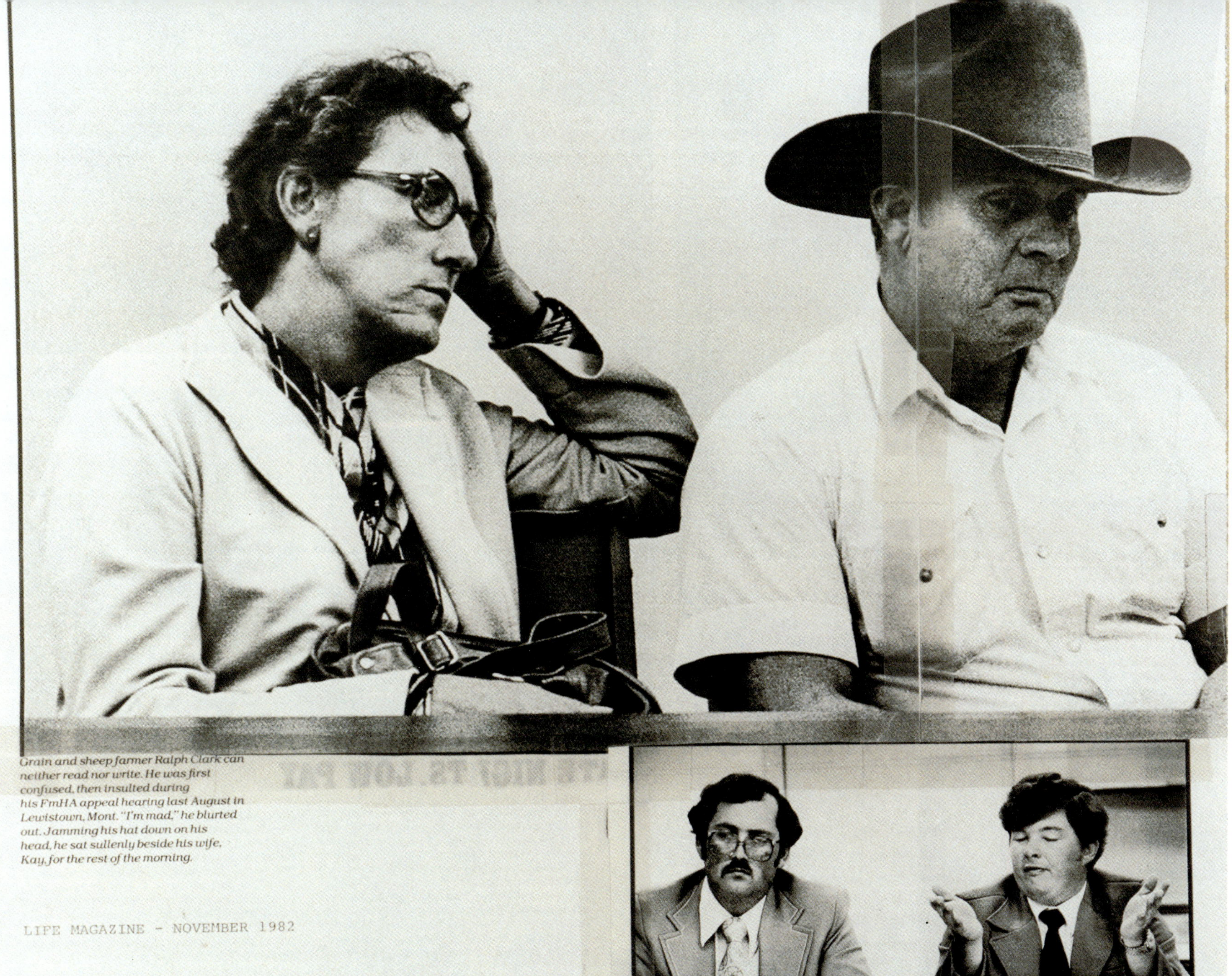

Grain and sheep farmer Ralph Clark can neither read nor write. He was first confused, then insulted during his FmHA appeal hearing last August in Lewistown, Mont. "I'm mad," he blurted out. Jamming his hat down on his head, he sat sullenly beside his wife, Kay, for the rest of the morning.

LIFE MAGAZINE - NOVEMBER 1982

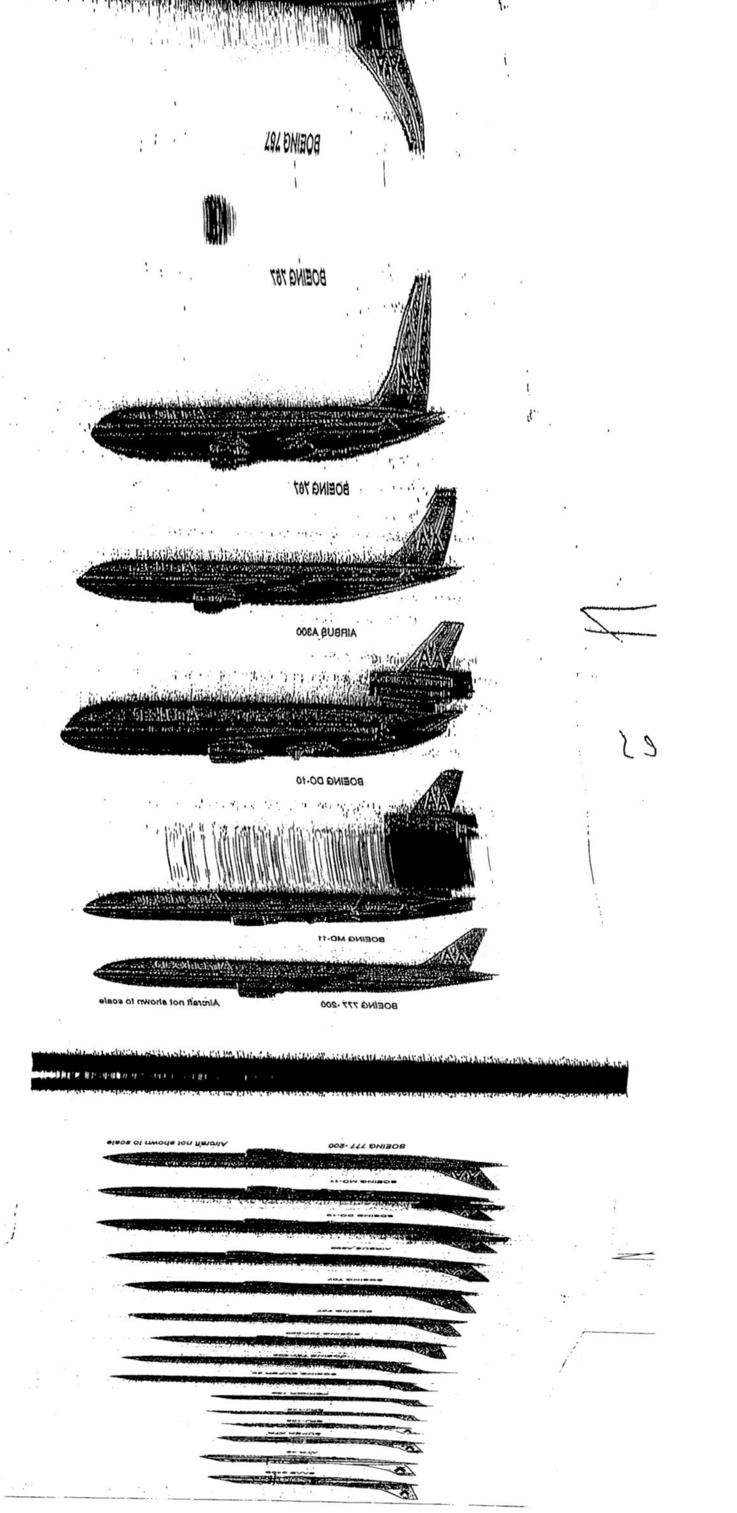

BOEING 767
BOEING 757
BOEING 747
AIRBUS A300
BOEING DC-10
BOEING MD-11
BOEING 777-200
Aircraft not shown to scale

i didn't sleep for two days and then I fell asleep. that night, i flew from edmonton, canada at minus 32 degrees to caracas, venezuela, 99 degrees. when i woke up, i was sure that the sun had shrunk. the cicadas were making a noise like electric wires burning. i looked out of the window, and the sun had shrunk. i was sure it had shrunk. in fact, i was staring at the bulb of a lamp post just outside the window.

time zones are not dangerous; temperature zones are. i never remember anybody i sit next to on a plane. they say it is dangerous to fly too much but i believe it is the ultimate meditation. everybody around you disappears and the humming of the engine becomes a chant. yet, i don't remember a single person i fly next to.

when you travel a bit, at the beginning you are obsessed with getting an aisle seat, for fear of being trapped, but the more you travel, the more you feel the need to hide, and then you crave a window seat, not to look outside but to be isolated, to return to the womb.

in 1975, i stole a pair a deerskin gloves from a shop in reykjavik.

in 1972, i stole a book on louis kahn from a library in france.

in 1966, the river in florence flooded the city. from the top of the hill, i could see the entire city submerged. through the haze, i watched as the monuments floated by.

i can find, reserve and buy a ticket in less than 5 minutes.

today, i changed the departure date of a ticket again, this time twice in 2 minutes.

the very first image that i remember is a red toy plane made of balsa wood and red paper flying into the woods of a place called collalbo. i don't know if that plane was lost. it is the only thing i can remember from that time.


—francesco bonami

ich hatte zwei tage lang nicht geschlafen und dann schlief ich ein. in jener nacht flog ich von edmonton, kanada, bei minus 35°c, nach caracas, venezuela, bei 38°c. als ich aufwachte, war ich mir sicher, dass die sonne geschrumpft war. die zikaden klangen nach brennendem elektrokabel. ich sah aus dem fenster und die sonne war geschrumpft. ich war mir sicher, dass sie geschrumpft war. in wirklichkeit sah ich die glühbirne einer lampe direkt außerhalb meines fensters.

zeitzonen sind nicht gefährlich. temperaturzonen sind es. ich kann mich niemals an irgendjemanden erinnern, neben dem ich im flugzeug gesessen habe. man sagt, es sei gefährlich zu viel zu fliegen, aber ich glaube es ist die endgültige meditation. jeder um dich herum verschwindet und das brummen der triebwerke wird zum gesang. und noch immer kann ich mich an niemanden, neben dem ich fliege, erinnern.

wenn man zu reisen beginnt, ist man zuerst davon besessen, einen gangplatz zu bekommen, aus angst eingeschlossen zu sein. doch je mehr man reist, desto mehr verspürt man das bedürfnis sich zu verstecken, und dann verlangt man einen fensterplatz; nicht der aussicht wegen, sondern um isoliert zu sein, um in den mutterleib zurückzukehren.

1975 stahl ich ein paar rentierlederhandschuhe in einem geschäft in reykjavik.

1972 stahl ich ein buch über louis kahn aus einer bibliothek in frankreich.

1966 überflutete der fluß in florenz die stadt. von der spitze des hügels konnte ich die gesamte untergegangene stadt betrachten. durch den nebel sah ich die denkmäler vorbeitreiben.

ich kann eine fahrkahrte in weniger als fünf minuten finden, reservieren und kaufen.

heute habe ich das abreisedatum auf einer fahrkarte ein weiteres mal geändert, zum zweiten mal in zwei minuten.

das erste bild, an das ich mich erinnere, ist ein rotes spielzeugflugzeug aus balsaholz und rotem papier, wie es in den wäldern eines ortes namens collalbo fliegt. ich weiß nicht ob das flugzeug verloren ging. es ist das einzige an das ich mich aus jener zeit erinnere.

__francesco bonami

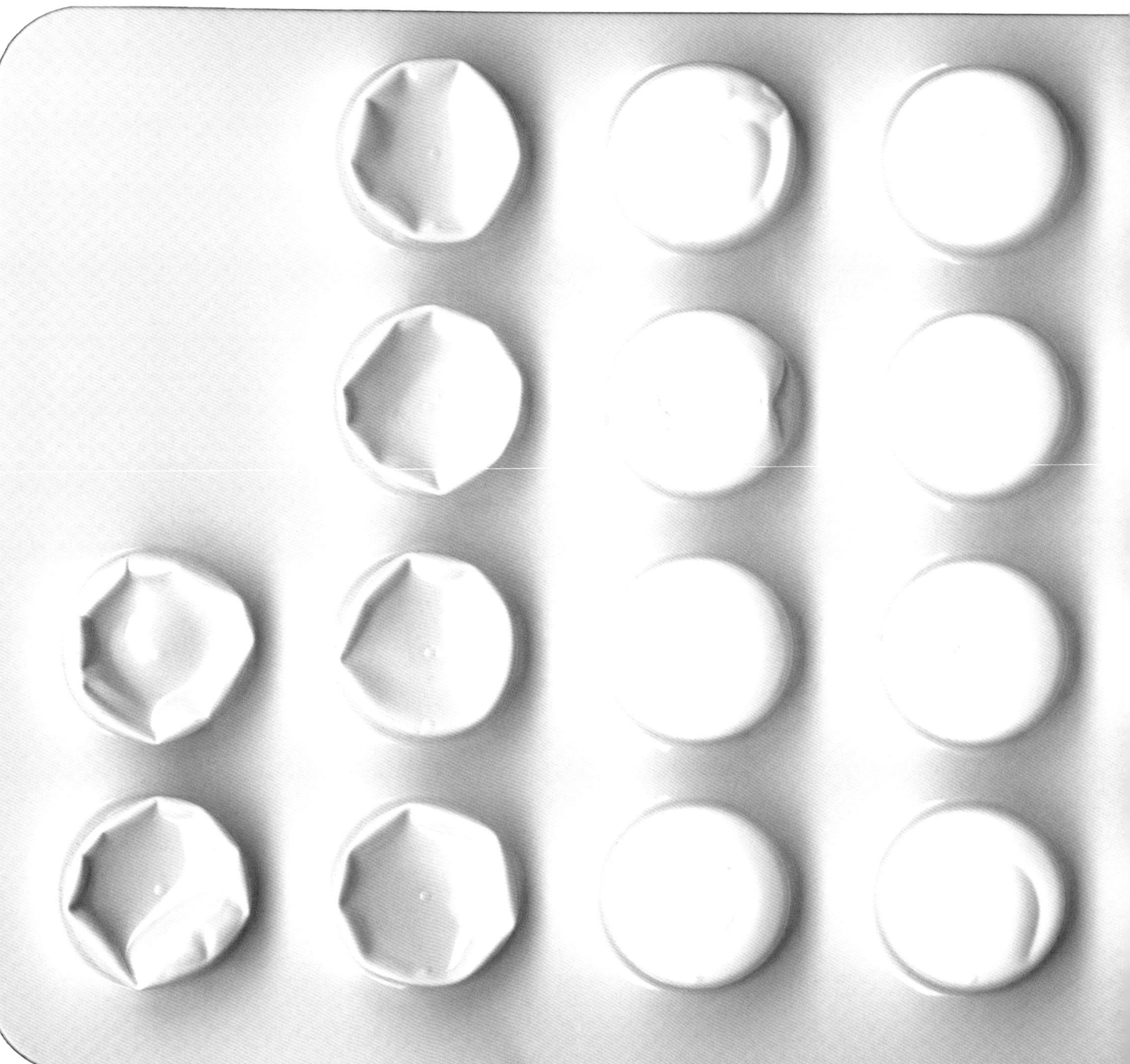

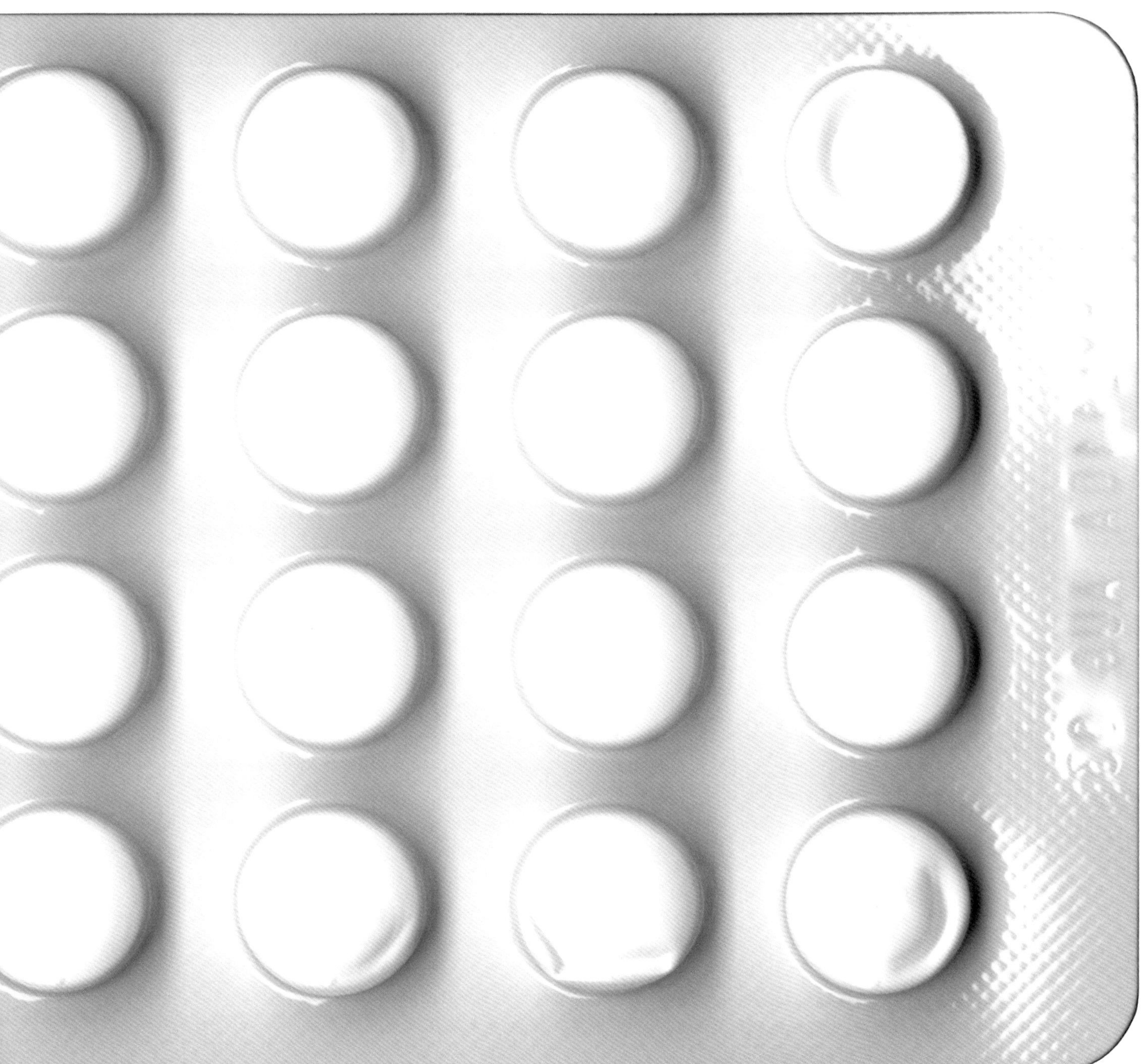

she knew what was happening in her part of the world. she knew her old school bus, the camping toilet with the broken flush, the aspirin plastic bottle in which she kept her pot. the rocking chair made out of an abandoned driver seat, the little line of stones that marked a provisory yard. the creosote bushes, and the palo verde tree, dried out by sand and sun. the antenna that arose from it, high up to catch the cb waves. the empty beer cans piled beside the logs of wood. she knew the olive water of the small canal, just behind the little dam of dirt, in which she once had seen a bloated body floating by. the shells speckling the dam, forgotten by the sea. the sea that had receded some thousand years ago. she knew the dirt roads that described a casual grid. the grid of slag city, as its first unsettled settlers had named it maybe twenty years ago, ungoverned desert in between the counties, abandoned by the army. she knew most cb handles of those dossed down in it, their names as heard on channel 26, some 400 in the winters, maybe 60 all year round. of lazy dog, the old boy who had come 3 months ago. in his pick-up and the trailer that had sure seen better days. the scorpions and the spiders that he liked to keep in there. of colorbird, the lady with her 80 years of peace, her husband jig-a-dig, a car mechanic, retired but alive. the two would drive their buggy in the sand dunes, through till april hit, the sun too hot to handle then, and make their way up north, before they would return again around thanksgiving day. of wild widow, who kept chronic of what happened on the ground. the little fights and welcomes, the yard sales and the church, held sundays in a barrack built by missionaries from niles. of whiskers the canadian who lived with many cats, and one time had been professor at a well-known university, and after losing his wife, had started wearing out her skirts, over heavy working boots.

she knew the tempers of her boyfriend lucky lou, switching from friendly care—a surprise dinner, a shoulder rub—to silent rage released in busy aimless work. her pretty daughter down in san diego, who had given her the cb name of mama sass. her three dogs—baby bear, the fluffy white one always sleeping, cinder, small and slow and always there to lick her face, and sandy, who was now carrying, and whom she had found a puppy almost strangled in chicken wire, over on the outskirts, where slag city bordered on the naval bombing range.

the summer burn, the blades of gleam, right down into your lungs. stuck inside the mobile, sweat like glue against the sheets. her toothache. the empty hole of august. and the winter leap of heart when the first snowbirds would arrive, with their fancy rv's, or their rickety trucks. she knew what was happening in her part of the world.

lucky lou: this kid tries to steal old man pete's solar panel. that's his only source of electricity out here, to listen to the radio or watch tv. mama sass: if you take our solar panel, our batteries, or our propane, you're taking our life away.

*the all new ford escape. ford explorer. no boundaries.*

the 400 pound guy from area 2. his love for guns and deep-fried chicken breast. big tad loony, always poking around. he drives his 4-wheel over to the mason's, father and son. jessy jr. is outside the silver trailer, logging wood for the winter, in the burning september sun. driver's door already flying open as tad rumbles to a hold, dust stirred up. walks up to jessy jr. did you steel my wallet, knucklehead. jessy jr. ignores. chops wood. you, you, you stole my wallet, knucklehead, louder now. jessy jr. freezes in mid-motion, slowly erects himself, hatchet dangling down from his hand. he scans big tad loony up and down. snakes of wet hair creep down tad's forehead, his eyes squeezed between torn chubby cheeks like he kept back tears rather than rage, buckle holding the naked red paunch in place, the boots with laces loose. and the magnum in his hand, his fat fingers clamped not around the butt but the breech, like it was a baby rattle. just fuck off, moron. big tad loony's eyes almost seem to vanish behind his cheeks, and he hangs his head a bit to the right, like a dachshund looking interested. a few rustling bleeps escape the squelch of the cb inside the car behind him. tad bullies ahead—woosh—a slap to the temple with the magnum like a stone. fingers slip, hit trigger, boom escapes to sky. jessy jr. down. tad falters back, looks at the magnum on the ground. rumbling from the trailer, door swung open by a double barrel. jessy sr. marches forward, the jaw under his beard a constant gnaw. he slows down, staggers, freezes, eyes down on his son, still lying there like he's dead. blood on junior's temple, big tad standing, gun on ground. three corners of a triangle. triangle.

the round of shot to the chest an instant cake of blood. a muffled whoom as tad falls backwards. a gurgling sound. tad's head comes up, bubbles, gurgle, bubbles again, his eyes on his chest, his eyes on senior, gurgle, on chest, on senior. jessy jr. moves, sr. sways, the double barrel waving an eight, son i thought you're dead. jessy jr. touches his temple, looks at the blood on his fingers, sits up like a drunk. dad—can you uhh stop th't gurgl'ng sound. can't ya stop th't g'rglng, that sound. comes up to his feet, faster and steadier now. with two determined hands seizes the gun from his dad, wrrr' stop th't sound.

*from the imperial desert star, wednesday, september 15, 1999*
murder suspects arrested. niles – a father and son who turned themselves in to san paulo county sheriff's official in connection with the killing of a man at the slags were brought to niles county tuesday and booked into the county jail on suspicion of murder. jess wayne mason, 72, and his son,

jess wayne mason, jr., 34, were being held in the county jail this morning without bail. niles county sheriff's deputies sent to the slags found the dead body of an out-of-state, 50-year-old white man. chief deputy malcolm moon said an autopsy performed tuesday showed the man had been shot at least once in the head and once in the chest. based on information obtained from questioning the masons and those living at the slags, investigators think an argument preceded the shooting, moon said.

*from wild widow's xerox chronicles, november 2000*
it was rumored the accused party removed a chain from the victim's pickup and secured one end to the victim the other end to the vehicle and dragged the body to his campsite, which was well over one half of a mile east of the scene of the crime.

trying to enter charles de gaulle terminal 1, but a hostess in a red dress tells people to wait in the entrance hallway. unattended suitcase, bomb squad in action. the next shuttle bus arrives, spews out another grape of people, most of them trying to excuse their way through the static crowd, until they understand. and wait. a businessman makes a few russian remarks before checking his watch again. a woman in beige tries to read a danielle steel paperback. an irish accent says don't worry when everyone's delayed they won't leave without us. waiting. and another bus. two more and people can get friendly. what if it was a real bomb—the concrete wall might absorb the major impact, but the glass doors would blast. decision to call the airline to confirm the flight, just to kill time. beep, press 2 for english. yes, hello, my flight is the 1415 for los—boom!—...angeles.—uh, mmh, i think it's settled, thanks anyway, bye. the irish accent says i guess that was the black box they put over the suitcase to implode it. people get going, tension released, blockage flushed, as if nothing had happened. nothing had happened. like someone had blown and burst a paper bag, a signal to continue circulation.

the plane waits, the jets whipping the water film on the black runway. something flaps nervously over the green next to it, fixed in mid-air like a tiny black flag on an invisible pole. a bird, a buzzard. it stops hovering, spreads, sails a controlled wave forward. prey, no prey. a plane is landing, white lights on the fins of its wings, a horizontal candle lit both ends. airborne. the little screen in front. a history program, "35 great american speeches." young nixon sits behind a large desk, talks about the pros and cons of politicians being financially supported, and heartily admits his cocker spaniel was a gift from a texas supporter. his wife to the right, fastened to her chair, stiff as if she feared a sniper would shoot her as soon as she moved, her cheeks like little stone apples protruding from a wax grin, her gaze glued to her husband's beloved countenance. turning to the oval window.

this must be iceland. the surface in deep wrinkles of sugar and chocolate, cream glaciers melting down between the folds. then the white linens cover it all up again. there is a second layer of white above, fluffy cotton cushioning the baby blue horizon belt in-between.

now kennedy. kennedy gives goose bumps. "the energy, we all breathe the same air we're all mortal. some say communism is the way of the future. let them come to berlin." almost cinema tears. a sentimental journey back, implanted by childhood tv hours. then sleep.

*"ruf teddy bär eins-vier," performed by johnny hill, after "teddy bear," written by boxcar willie (ascap), 45 rpm single released 1978, federal republic of germany.*

an import of a special kind: "teddy bear" by boxcar willie, tear-jerker of the great wide middle west, translated to the comfy pedestrian precincts of west germany, 1978. johnny hill, his hair-do like a beach boy's, satin red the baseball jacket, huge one-hit-wonder with "ruf teddy bär eins-vier." johnny hill, like boxcar willie, didn't sing, while whining country lapsteel set the tone, but told, told a story that would make even old nazis cry. in a wheelchair from the crash in which his long-distance trucking father died, a little boy kills time with getting on the cb-radio. he calls for truckers, to ask just one of them to drive him round a bit. many hear the call and follow, until trucks line up, bumper to bumper, for miles and miles in little boy's suburbia. big rugged men have teddy hearts.

canada. for a moment it looks like cracks in a huge floe are widening, biting a big chunk out of it, but then it's just a flyover illusion. the cracks remain the same. bavin bay, davis strait, foxe basin, churchill, the little screen reads out the names of what is crossed. daydream of binoculars to watch out, from up here on 35000 feet, for polar bears, and mummies of explorers, set free by wind and melt. filling out the nonimmigrant visa waiver. do you have a communicable disease: physical or mental disorder: or are you a drug abuser or addict? yes, no. are you seeking to work in the u.s.; or have you ever been excluded and deported; or been previously removed from the united states; or procured or attempted to procure a visa or entry into the u.s. by fraud or misrepresentation? yes, no. have you ever been denied a u.s. visa or entry into the u.s. or had a u.s. visa canceled? if yes, when? where? yes, no. down on earth the first road, a long straight line like a knife's slash through a sperm whale's black skin, revealing the white fat underneath. about an hour before landing, a wide, deserted valley, a single dead end road to a circular form like a helicopter landing spot; in a distance from it moon craters, over and over around a heap. must be bombing testing ground.

black downtown dents rise out of the mist.

sweat on the forehead, shirt soaked under the backpack. standing in line with the passport ready.
a security guy clicks his pen, his thumb in a flicking movement back and forth, click clack, click
clack, click clack. the walkie-talkie on his belt crackles a broken stream of code announcements.

young locals with sand buggies in the dunes, playing, being dragged to death in fake astronaut
suits. wrecks turned over onto their roofs, like rabbits gutted.

forty-one channels on the c.b. and nothing on. or is it the antenna on the car roof, not reaching high
enough. hello, hello, turn your radio on, is there anybody out there, can you hear my song. out goes
the call, addressee unknown. a little fish dumped into an empty sea. where are the bigmouths that
will strike again.

*polycorp inc. mines and vends many of earth's rarest minerals: neodymium, lanthanum, cerium,
you name it. used in oil refining, fiber optics, color tvs.*

the gas station looks more like a scrap yard. pull up to the pumps. silence all around. a shriveled
fellow in a one-time blue overall emerges from the windowless shack where the cash point must
be. sorry sir, the gas pumps don't work, no juice in the whole county. last night's storm has messed
up the overhead power line. do you know the next gas station outside the county? well, i guess the
76, about 100 miles west on the 15. mmh. thanks. steers the car around, back the way he came,
towards the city, a nice day driving back and forth. on the stereo it's "horse with no name." but in
the mid of the song, the cd has a scratch, and it's stuck in an endless no-no-no-no-no-no-no.

before i got back on the road to go up north, i stayed in some abandoned miner's cave in the china
mountains for two weeks, to let the dust settle a bit after what had happened down in slag city, and
ease my asthma. it was maybe 60 yards deep, and you could stand upright in some parts where
they had dug deeper to probe a vein. during the day, sun would hit like probably up to 130 degrees
outside, but inside, in the dark, it never got warmer than say 80. had checked for snakes with my
stick, but no problem in that department. i had brought three gallons of water, fourteen cans of
beans, and a desert star to wipe my ass. like my private ramadan, i would only eat, or leave the
cave to move my bowels, at night. a peaceful two weeks. time was like honey, sticky, pearly and
sweet. i could concentrate on my blood vessels, the circulation swishing, slowing down my pulse,
bubumm, bubumm, bumm. bumm. between noon and dusk, the sun launched a searchlight into the
front part of the cave, making the wall glisten green and red and lilac and lapis in shifting patterns.
plato's dig-in cinema, triple feature free. time would sometimes flounder. it reminded me of when
i once went into a 7-11—i was sober!—and the cashier would tell me the price for my fruit and i
felt her voice resonating so deep and droning suddenly, the words thick like old chewing gum, like
someone had put the finger on the record and slowed it down. now it was the yowl of the wind just
outside, whistling through that part of the former shaft that had been eroded out to form an arch.
as if the yowl was juggled between high and low, fast-forward and slow-down. funny. on the seventh
night i woke up from a nap and saw, in the circular frame of the cave entrance, a man standing there.
the only things i could make out from his otherwise black silhouette, outlined by the dim moonlight,
were a shimmering red dot on his over-size forehead, and a little green light blinking where his
heart would be. next moment he was gone. i decided i must have been dreaming, but the image
remained vivid in my mind. the rest of the time went by without any such encounters, apart from
one little incident. on the tenth day some kids rode around on bikes outside. one boy entered tenta-
tively to check out the cave, and i scared him away with a nice, low animal growl. he stumbled back,
and told the others the cave was boring, empty and short. finally, morning of day 15, i made my
way out again. i stand only a few yards away from the cave, trying to adjust to the light, when a jeep
jumps over the hilltop, heading right on towards me. the driver pulls to the side, and slams on the
brake, and comes to a halt right next to me, whirling up a huge cloud of dust. as it settles so slow
as if time was out of joint, i'm looking at him looking back at me. he's wearing a uniform, a soviet
army uniform, full with decorated shoulder pads, red star on peaked cap, and i feel the record has
been fooled with again. he is about to say something to me, opening his mouth to a sub-tonal warp,
when suddenly his cell phone rings.

shinishi fujimura, who was discovered planting tools he had supposedly unearthed in a stone age
find near tsukidate, japan, was forced to acknowledge last month that his stories about a japanese
"original man" were false. what will now become of tsukidate's original man noodle shops? the
new york times, thursday, december 7, 2000.

a young, fleshy dude. the stinking little town. the only things anywhere near are shrubs, stones and
an air force base. he listens to the black am radio stations all day, the waves washing over the 100
miles from over in inglewood, watts and compton. "new rubbing on that darn old thing," clarence
gatemouth brown and howlin wolf. the young dude gets colds on purpose, to make his voice sound
more bluesy. he's a transformer.

**the visiting army unit has to battle the opfor—the opposing force—a permanent brigade fully
clothed and trained as soviet troops, established in 1991.**

sounds that stick out while waiting in an airport lobby: cellular beeps and baby cries. pitches over
the tapestry of mumbling hovering in mid-air. closing the eyes. a payphone reverberates from a

distance, old school noire type. an announcement from the ceiling speaker, muffled and hissing at once, "t.o.r. agents please report to gate 72" (a serious young man with no accent). the chewy casual syllables of thai a few yards northeast, a middle aged couple arguing with suppressed anger. suddenly to the left the chlrr-chlrr-chlrr of a bottle emptied with a drinking straw, like it was zoomed right next to the ear. something incomprehensible with "...water" from the overhead speaker. coughs, a caddy clacking from left to right. "the t.r. limo driver the t.r. limo driver." mumble, mumble, baby squeak. "last call for passenger constant tellman, tellman" (a female announcer in a nasal southern slang). a scrap from northwest, "that's why you should never"—a father telling his kid. beep, beep, the smacking of a chewing gum blown, a plastic bag rustling smoothly, the mid-air tapestry of voices starting to waver a bit, more restless now it seems. someone counts coins, now a scrap of an adolescent girl right in front, "...he comes over and it goes like this all summer." a group of hearty laughs to the southeast, two male ones sticking out. the thai voices argue again. a baby screams mildly, while a little boy, or girl of maybe five tries to make his, or her voice sound even younger, cuddlier, "mum, can't i." a rustling plastic bag from left to right. "ladies and gentleman," (it's the serious young man), "united flight 200 to washington will now be boarding at gate 67b." the payphone rings again.

the man from british telecom climbs on the roof of his lorry, to reach a bird's nest of cables bulging out under a lid on the facade. he extricates wires, sorts with thin fingers and stuffs the tangle back in a nest that now carries on chirruping.

to receive very weak spacecraft signals, our antenna receivers have very sensitive radio amplifiers, cooled to a very low temperature so that even the molecules inside the amplifier are slowed to practically a halt. that reduces the background noise so that the signal is more easily detected. however the electrical environment surrounding a deep space tracking station must be quieter than the weakest spacecraft signal. the site has to be remote from electrical power lines and free of interference from commercial radio and television transmissions: that is, away from metropolitan centers but within practical traveling distance.

...the apollo site's 34-meter (112 feet) antenna is capable of tracking near-earth satellites and our astronauts while in earth orbit and in lunar orbit. the largest 70-meter (230 feet) antenna is located at the mars site. this antenna is the most sensitive, and is capable of tracking a spacecraft traveling more than 16 billion kilometers (10 billion miles) from earth.

mama sass: it's like, do i have a friend in this world? and the people out here think about their past, well i could call this old friend, or that one, but they can't call them. cause they wouldn't do that to their friends, they wouldn't say hey i'm dying i need help. cause they've got so much inside of them they can't go there. it's like me, my kids, i've already told them, fuck, when i die, i don't give a shit. throw me in the goddamn garbage can, let the fucking dump take me, i don't care. it don't matter, it's gone, i'm dead, it's only a body.

__jörg heiser

sie wusste was passierte in ihrem teil der welt. sie wusste wie der alte schulbus roch, aussenklo mit dem kaputten dach, aspirin-plastikfläschchen, in dem sie gras aufhob. der schaukelstuhl gemacht aus einem alten fahrersitz, die kleine linie steine, die den provisorischen hof beschrieb. creosote büsche, palo verde baum, gedörrt von sonne, sand. die antenne die darüber ragte, hoch hinaus, zum c.b.-funk wellen fangen. die leeren dosen bier, gestapelt neben holz. sie wusste wie das wasser im kanal, gleich hinterm kleinen damm, olivfarben war, in dem sie mal die aufgeblähte leiche eines mannes hat schwimmen sehen. die muscheln die den damm bedeckten, vergessen hier vom meer. das meer das sich verzogen hatte, paar tausend jahre her. wie die wege sich zum losen gitter kreuzten. das gitter von slag city, so getauft von ersten unseßhaften siedlern vor vielleicht zwanzig jahren, unregierte wüste zwischen den distrikten, nicht mehr genutzt von der armee. sie wusste meist die c.b.-funk-namen jener, die sich darin verstreuten, gehört auf kanal 26, vielleicht 400 im winter, so 60 rum das ganze jahr. von lazy dog, dem alten, der vor 12 wochen kam. in seinem pick-up und dem trailer der schon bessere tage sah. spinnen und skorpione die er mit vorliebe drin hielt. von colorbird, der dame mit den 80 jahren ruh, ihrem mann jig-a-dig, mechaniker, in rente und am leben. die zwei fuhren ihren buggy in den dünen bis spät in den april, wenns mit der sonne nicht mehr auszuhalten war, um sich gen norden zu verziehen und dann um erntedank zurückzukehren. von wild widow, die die chronik schrieb von allem was passierte im gebiet. die kämpfe und die wiedersehen, die flohmärkte und sonntagsmessen, gehalten in einer baracke, gebaut von missio-naren aus niles. von whiskers dem kanadier, der mit vielen katzen lebt, und mal professor war an ner berühmten universität, und nachdem er sie verlor, die röcke seiner frau auftrug, über schweren arbeitsschuhen.

sie kannte gut die launen ihres freundes lucky lou, das umschalten von sorge—überraschungs-essen, schulter reiben—zu stillem zorn in zielloser geschäftigkeit. die tochter drunten in san diego, die ihr den c.b.-funk-namen wählte, mama sass. ihre drei hunde—baby bear, der flauschig weisse immer schlafend, cinder, klein und träge, immer da um ihr gesicht zu schlecken, und sandy, gerade trächtig, die sie als welpen fand, fast stranguliert vom hasendraht, drüben an den rändern, wo slag city grenzte an die naval bombing range.

der sommerbrand, die klingen glühen, direkt rein in deine brust. steckt fest im wagen, schweiß wie kleber an den laken. ihr zahnweh. das leere loch august. und der winterschwang des herzens wenn die ersten snowbirds wieder kamen, mit ihren schicken caravans, und zerbeulten trucks. sie wusste was passierte in ihrem teil der welt.

lucky lou: das bürschchen versucht also old man petes sonnenkollektor zu klauen. das ist die einzige stromquelle hier draussen, um radio zu hören oder fernsehen zu gucken. mama saß: wenn du uns die sonnenkollektoren nimmst, unsere batterien, unser propan, nimmst du uns das leben.

*the all new ford escape. ford explorer. no boundaries.*

der 200 kilo typ aus zone 2. seine liebe zu waffen und fritierter hühnerbrust. big tad loony, immer am rumschnüffeln. er fährt seinen 4-wheel rüber zu den masons, vater und sohn. jessy jr. ist draussen vor dem silberfarbenen trailer, macht holz für den winter, in der brennenden september sonne. die fahrertür fliegt schon auf als tad rumpelnd zum stehen kommt, staub aufwirbelnd. geht hin zu jessy jr. hast du meine brieftasche geklaut, hohlkopf. jessy jr. ignoriert. haut holz. du, du, du hast meine brieftasche geklaut, hohlkopf, lauter jetzt. jessy jr. stoppt mitten in der bewegung, richtet sich langsam auf, das beil von der hand baumelnd. er sieht big tad loony von oben nach unten an. schlangen nassen haares kriechen tads stirn runter, seine augen gequetscht hinter verzerrte speckige backen, als hielte er tränen zurück, nicht rage, die gürtelschnalle hält den nackten roten wanst, die senkel lose an den stiefeln. und die magnum in seiner hand, seine fetten finger nicht um den griff, sondern die trommel geklammert, als wäre es eine babyrassel. verpiss dich einfach, vollidiot. big tad loonys augen verschwinden fast hinter seinen backen, und er hängt seinen kopf ein bisschen zur seite, wie ein interessiert schauender dackel. ein paar knisternde piepser entkommen der rauschunterdrückung des c.b. im wagen hinter ihm. tad ochst vorwärts—wush—ein schlag an die schläfe mit der magnum wie ein stein. finger rutscht, trifft abzug, bumm entwischt zum himmel. jessy jr. fällt. tad stolpert zurück, schaut auf die magnum am boden. rumpeln aus dem trailer, tür aufgeschwungen von doppellauf. jessy sr. marschiert voran, der kiefer unter seinem bart ein einziges knirschen. er wird langsamer, schwankt, stockt, augen auf seinem sohn, der immer noch da liegt als wär er tot. blut auf juniors schläfe, big tad stehend, waffe am boden. drei ecken eines dreiecks. dreieck.

das schrotgeschoss in die brust sofort ein kuchen voller blut. ein gedämpftes whumm als tad rückwärts fällt. ein gurgelndes geräusch. tads kopf kommt hoch, blasen, gurgeln, wieder blasen, seine augen auf seine brust gerichtet, seine augen auf senior, gurgeln, auf brust, auf senior. jessy jr. bewegt sich, sr. schwankt, der doppellauf winkt eine acht, sohn ich dachte du wärst tot. jessy jr. berührt seine schläfe, betrachtet das blut auf seinen fingern, setzt sich auf wie ein betrunkener. dad—kannst du äh dies's g'rgelnde g'räusch abstellen. kannst du nicht das g'rgeln, das geräusch, abstellen. kommt hoch auf die füße, schneller und stetiger jetzt. mit zwei entschlossenen händen schnappt das gewehr des vaters, wrrr g'räusch abst'll'n.

aus dem imperial desert star, mittwoch, 15. september 1999
mordverdächtige festgenommen. niles – ein vater und sein sohn haben sich im zusammenhang mit der tötung eines mannes in den slags der san paulo county sheriff-stelle gestellt. sie wurden am dienstag nach niles county übergeben und wegen mordverdachts ins bezirksgefängnis gebracht. jess wayne mason, 72, und sein sohn, jess wayne mason, 34, sitzen derzeit im bezirksgefängnis ohne kaution ein. niles county sheriff deputies, die man zu den slags geschickt hatte, fanden die leiche eines bundesstaats-fremden, 50 jahre alten weißen mannes. chief debuty malcolm moon sagte, eine am dienstag durchgeführte autopsie habe ergeben, dass dem mann mindestens einmal in den kopf und einmal in die brust geschossen wurde. auf grund von informationen aus der vernehmung der masons und bewohnern der slags gehe man davon aus, dass ein streit den schüssen vorausgegangen sei, sagte moon.

aus wild widow's xerox chronicles, november 2000
das gerücht ging um, die beschuldigten hätten eine kette aus dem pickup des opfers geholt, ein ende an ihr und das andere am wagen befestigt und die leiche zur camping-stelle des opfers geschleift, die gut eine halbe meile vom ort des verbrechens entfernt war.

versuche, zu charles de gaulle terminal 1 zu kommen, aber eine hostess im roten kleid sagt den leuten, sie sollen in der eingangshalle warten. unbeaufsichtigtes gepäckstück, bombenkommando im einsatz. der nächste shuttle bus kommt an, spuckt eine weitere traube von leuten aus, und die meisten von ihnen versuchen, sich einen weg durch die statische menge zu entschuldigen, bis sie kapieren. und warten. ein geschäftsmann macht einige russische bemerkungen und schaut nochmal auf die uhr. eine frau in beige versucht ein taschenbuch von danielle steel zu lesen. ein irischer akzent sagt keine sorge wenn alle verspätet sind fliegen sie nicht ohne uns. warten. und noch ein bus. zwei mehr und die leute können zu kuscheln anfangen. was wenn es wirklich eine bombe wäre—die betonmauer würde wohl einen grossteil des drucks abfangen, aber die glastüren würden zerschmettert. beschliesse, die fluglinie anzurufen und den flug zu bestätigen, nur um zeit totzuschlagen. piep, press 2 for english. yes, hello, my flight is the 1415 for los—boom!—...angeles. —äh, mmh, i think it's settled, thanks anyway, bye. der irische akzent sagt ich denk mal das war die black box die sie über den koffer stülpen zum implodieren. die leute setzen sich in bewegung, anspannung gelöst, blockierung weggespült, als wäre nichts passiert. nichts ist passiert. als hätte jemand eine papiertüte aufgeblasen und platzen lassen, ein signal zum weiterzirkulieren.

das flugzeug wartet, die düsen peitschen den wasserfilm auf der schwarzen startbahn. etwas flattert nervös über dem grün daneben, fixiert in der luft wie eine kleine schwarze flagge auf einem unsichtbaren mast. ein vogel, ein bussard. er hört auf zu schweben, spreizt, segelt eine kontrollierte welle vorwärts. beute, keine beute. ein flugzeug landet, weiße lichter an den enden der flügel, eine horizontale kerze, an beiden enden angezündet. gestartet. der kleine bildschirm vor mir. ein geschichtsprogramm, "35 große amerikanische reden". der junge nixon sitz hinter einem großen schreibtisch, spricht über die vor- und nachteile finanzieller unterstützung von politikern, und gibt offenherzig zu, dass sein cockerspaniel das geschenk eines texanischen anhängers gewesen sei. seine frau rechts, an ihrem sessel klebend, steif, als fürchtete sie, ein scharfschütze würde sie bei der geringsten bewegung erschießen, ihre wangen wie kleine steinäpfel, die aus einem wächsernen grinsen hervortreten, ihr blick an das geliebte antlitz ihres mannes geheftet.

das muss island sein. die oberfläche in tiefen runzeln aus zucker und zartbitter, sahnegletscher, die zwischen den falten hinunterschmelzen. dann decken die weißen laken alles wieder zu. eine zweite schicht weiß obendrüber, flauschige baumwolle behütet den babyblauen horizont dazwischen.

"ruf teddy bär eins-vier," bearbeitung johnny hill, nach "teddy bear," text/musik boxcar willie (gema), 45 single upm single, veröffentlicht 1978, bundesrepublik deutschland.

ein import der speziellen sorte: "teddy bear" von boxcar willie, tränendrüsendrücker des großen weiten mittleren westens, übersetzt in die gemütliche fußgängerzonenwelt der bundesrepublik von 1978. johnny hill, haartracht eines beach boys, rote satin-baseball-jacke, großes one-hit-wonder mit "ruf teddy bär eins-vier." johnny hill—genau wie boxcar willie—sang nicht, während der wimmernde country-lapsteel-gitarrenton die stimmung setzte, sondern erzählte, erzählte eine geschichte, die sogar alte nazis zum weinen gebracht hätte. ein kleiner junge, der seit jenem autounfall im rollstuhl sitzt, bei dem sein lastwagenfahrender vater ums leben kam, schlägt die zeit mit c.b.-funken tot. er ruft lastwagenfahrer, um einen von ihnen zu bitten, ihn ein bisschen spazieren zu fahren. viele hören den ruf und folgen, bis die lastwagen, stoßstange an stoßstange, eine kilometerweite schlange im vorort des kleinen jungen bilden. schwere rauhe männer mit teddy-herzen.

kanada. für einen moment sieht es so aus als weiteten sich risse in einer riesigen scholle, als würden sie einen großen happen herausbeißen, aber dann ist es doch nur eine täuschung im drüberfliegen. die risse bleiben die gleichen. bavin bay, davis strait, foxe basin, churchill, der kleine bildschirm benennt die überflogenen gebiete. tagtraum vom fernglas, mit dem sich von hier oben, auf 11000 meter, nach eisbären und mumien verschollener forscher ausschau halten ließe, freigelegt von wind und schmelze. jetzt den nonimmigrant visa waiver ausfüllen. do you have a communicable disease: physical or mental disorder: or are you a drug abuser or addict? yes, no. are you seeking to work in the u.s.; or have you ever been excluded and deported; or been previously removed from the united states; or procured or attempted to procure a visa or entry into the u.s. by fraud or misrepresentation? yes, no. have you ever been denied a u.s. visa or entry into the u.s. or had a u.s. visa canceled? if yes, when? where? yes, no. unten auf erden die erste straße, eine lange gerade linie wie mit messers schneide geschlitzt in die schwarze haut eines pottwals, das weiße fett darunter freilegend. eine stunde vor der landung, ein weites, trostloses tal, eine einzige straße, die in einem hubschrauberlandeplatz-artigen kreis endet; in einiger entfernung davon mondkrater, die über und über einen hügel bedecken. muss wohl bomben-testgebiet sein.

schwarze downtown—zähne ragen aus dem dunst.

schweiß auf der stirn, hemd nass unter dem rucksack. in der schlange mit dem pass in der hand. ein security-typ spielt mit seinem seinem kuli, daumen in schnickender bewegung hin und her, klick klack, klick klack, klick klack. das walkie-talkie an seinem gürtel krächzt einen gebrochenen strom kodierter ansagen.

junge landeier mit buggies in den dünen spielen totschleifen in selbstgemachten astronautenan-zügen. aufs dach gedrehte wracks, ausgenommen wie karnickel.

41 kanäle auf dem c.b.-funk und auf keinem kommt was. oder liegts an der antenne auf dem auto-dach, reicht sie nicht hoch genug. hello, hello, turn your radio on, is there anybody out there, can you hear my song. raus geht der ruf, adressat unbekannt. ein kleiner fisch plumpst in ein leeres meer. wo sind die großmäuler die ihn verschlucken.

*polycorp inc. schürft und verkauft viele der seltensten minerale der erde: neodymium, lanthanum, cerium, alles zu haben. braucht man zur ölraffinierung, für fiber-optik, für farbfernseher.*

die tankstelle sieht eher wie eine müllhalde aus. fährt ran an die zapfsäule. alles still rund herum. ein verschrumpeltes männchen in einem einstmals blauen overall tritt aus dem fensterlosen schup-pen hervor, das wohl das kassenhäuschen sein soll. tut mir leid sir, die zapfsäulen funktionieren nicht, kein strom im ganzen county. der sturm von letzter nacht hat die überlandleitung umgehauen. wo finde ich denn dann die nächste tankstelle außerhalb des counties? na ich denke die 76, unge-fähr 100 meilen nach westen auf der 15. mmh. danke. fährt einen bogen, den weg zurück auf dem er kam, richtung stadt, netter tag mit hin- und herfahren verbracht. auf der stereoanlage läuft "horse with no name". aber in der mitte des songs hat die cd einen kratzer, und sie hängt in einem endlosen no-no-no-no-no-no-no.

bevor ich mich wieder auf den weg nach norden machte, blieb ich für zwei wochen in einer ver-lassenen goldgräberhöhle in den china mountains, damit über die sache, die drunten in slag city passiert war, ein bisschen gras wachsen konnte, und damit sich mein asthma ein bisschen legte. die höhle war vielleicht 50 meter tief, und an manchen stellen konnte man aufrecht stehen, dort wo sie ein bisschen tiefer gegraben hatten um eine ader zu prüfen. tagsüber wurds draußen über 50 grad heiß, aber drinnen im dunkeln warens nie mehr als vielleicht 25. hatte erstmal alles mit meinem stöckchen nach schlangen abgesucht, aber null probleme. ich hatte 14 liter wasser, 14 dosen bohnen, und einen desert star zum arschabwischen mitgebracht. als wärs mein privater ramadan, aß ich nur nachts, und verließ auch nur nachts die höhle um mein geschäft zu machen. friedliche zwei wochen. zeit war wie honig, klebrig, perlig und süß. ich konzentrierte mich auf meine arterien, das rauschen des kreislaufs, verlangsamte meinen puls, babamm, babamm, bamm. bamm. zwischen sonnenauf- und sonnenuntergang warf die sonne einen suchscheinwerfer in den vorderen teil der höhle, und ließ die wand in fließenden mustern von grün und rot und flieder und lapislazuli glitzern. platons eingrabkino, kostenlose nachmittagsvorstellung. manchmal kam die zeit ins schwimmen. so ähnlich wie damals als ich mal in diesen 7-11 ging—ich war nüchtern!—und die kassiererin mir den preis für mein obst nannte und es mir so vorkam, als wär ihre stimme auf einmal ganz tief und dröhnend, die wörter zäh wie alter kaugummi, als hätte jemand den finger auf die platte gelegt und abgebremst. diesmal wars das jaulen des windes von draußen, der durch jenen teil des früheren schachtes pfiff, der zu einem torbogen erodiert war. als würde das jaulen hin- und hergeschaltet, zwischen hoch und tief, schnellem vorlauf und zeitlupe. komisch. in der siebten nacht wachte ich auf und sah im kreisrunden höhleneingang einen mann stehen. von ihm waren in dem schwarzen schattenriss, den der mondschein schnitt, nur zwei dinge zu erkennen, ein schimmernd roter fleck auf seiner übergroßen stirn, und ein kleiner grüner blinkender punkt ungefähr da wo sein herz sein musste. im nächsten moment war er verschwunden. ich beschloss, dass ich wohl geträumt haben musste, aber das bild blieb ganz klar und deutlich in der erinnerung. der rest der zeit verging ohne weitere begegnungen dieser art, abgesehen von einem kleinen vorfall. am zehnten tag düsten draußen ein paar kids auf mopeds rum. ein junge wollte vorsichtig die höhle auskundschaften, und ich verjagte ihn mit einem schönen, tiefen tierknurren. er stolperte wieder raus und sagte den anderen die höhle wäre langweilig, leer und kurz. schließlich, am morgen des 15. tages, machte ich mich wieder nach draußen. ich stehe nur ein paar meter vor der höhle und versuche mich ans licht zu gewöhnen, als ein jeep über die hügelkuppe springt, direkt auf mich zu. der fahrer reißt das steuer rum, macht eine vollbremsung, kommt direkt neben mir zum stehen, und wirbelt eine riesen staubwolke auf. während sie sich langsam legt, so langsam, als wäre die zeit endgültig aus den fugen, sehe ich ihn an wie er mich zurück ansieht. er trägt eine uniform, eine uniform der sowjetischen armee, komplett mit dekorierten schulterklappen, rotem stern auf der schirmmütze, und mir kommts so vor als hätte wieder jemand den finger auf die platte gelegt, er will gerade etwas zu mir sagen, sein mund öffnet sich und sondert schon einen subtonal verzerrten ton ab, als plötzlich sein handy klingelt.

nachdem shinishi fujimura dabei ertappt worden war, wie er werkzeuge platziert hatte, die er angeblich in einem steinzeitlichen ausgrabungsfund in der nähe von tsukidate, japan, entdeckt hatte, musste er letzten monat zugeben, dass seine geschichte von einem japanischen "urmenschen" frei erfunden ist. was wird nun aus tsukidates original urmensch nudelküchen? the new york times, donnerstag, 7. dezember, 2000

ein junger, dicklicher bursche. die stinkende kleinstadt. das einzige was es in der näheren umgebung gibt sind büsche, steine und die air force basis. er hört den ganzen tag die schwarzen mittelwellesender, die wellen, die 100 meilen herüberrauschen, drüben von inglewood, watts und compton. "new rubbing on that darn old thing," clarence gatemouth brown und howlin wolf. der junge bursche kriegt absichtlich erkältungen, damit seine stimme bluesiger klingt. er ist ein transformer.

**die armee-einheit, die zu gast ist, muss gegen die opfor—die "opposing force"—kämpfen, eine permanente brigade, die komplett als sowjettruppe eingekleidet und ausgebildet ist und die es seit 1991 gibt.**

geräusche, die herausstechen, wenn man in einer flughafen-wartehalle sitzt: handy-gepiepse und babyschreie. ausschläge über dem in der luft schwebenden gemurmelteppich. augen schließen. ein münztelefon hallt aus einiger entfernung herüber, ganz alte schule, film noire-mäßig. eine ansage aus dem deckenlautsprecher, gedämpft und zischend zugleich, "t.o.r. agents please report to gate 72" (ein ernster junger mann, akzentfrei). die gekauten, weichen silben des thailändischen ein paar meter nordöstlich. ein älteres ehepaar streitet mit unterdrücktem zorn. plötzlich links das tschlrr-trschlrr-tschlrrr eines trinkstrohhalms in einer geleerten flasche, als wäre es direkt ans ohr herangezoomt. etwas unverständliches mit "...wasser" aus dem deckenlautsprecher. husten, ein gepäckwagen klackert von links nach rechts. "the t.r. limo driver, the t.r. limo driver." murmel, murmel, babyschrei. "last call for passenger constant tellman, tellman" (ansagerin in nasalem südstaatenslang). ein wortfetzen aus nordwesten, "that's why you should never"—ein vater sagts seinem kind. piep, piep, das klatschen einer platzenden kaugummiblase, eine leise knisternde plastiktüte, der stimmenteppich zittert ein bisschen, jetzt anscheinend rastloser. jemand zählt münzen, jetzt ein fetzen eines mädchens direkt geradeaus, "...er kommt zu besuch und dann geht das so den ganzen sommer." eine gruppe herzlicher lacher aus südosten, zwei männliche stechen heraus. die thai-stimmen streiten wieder. ein baby schreit milde, während ein kleiner junge, oder ein kleines mädchen, vielleicht 5 jahre alt, versucht, seine oder ihre stimme noch jünger, knuddeliger klingen zu lassen, "mammi, kann ich nicht." eine raschelnde plastiktüte von links nach rechts. "ladies and gentleman," (jetzt wieder der ernste junge mann), "united flight 200 to washington will now be boarding at gate 67b." das münztelefon klingelt wieder.

der mann von der british telecom klettert auf das dach seines lieferwagens, um an das vogelnest verworrener kabel heranzukommen, das unter einem deckel an der fassade hervorquillt. er zieht drähte heraus, sortiert mit dünnen fingern und stopft das gewirr wieder rein ins nest, das nun wieder weiterzwitschert.

um besonders schwache raumsonden-signale zu empfangen, sind unsere antennenempfänger mit besonders starken funkverstärkern ausgestattet, die so stark gekühlt werden, dass sogar die moleküle im verstärker mehr oder minder zum stillstand kommen. das vermindert das hintergrundrauschen, so dass das signal leichter ausfindig zu machen ist. das elektrische umfeld einer weltraum-bodenstation muss leiser als das schwächste raumsonden-signal sein. der ort muss möglichst weit von überlandleitungen entfernt und frei von störungen durch kommerzielle radio und fernsehsendestationen sein: das heißt, außerhalb der städtischen ballungsräume, aber innerhalb einer praktischen reiseentfernung.

...die 34-meter (112 fuß) antenne der apollo basis ist in der lage, erdnahe satelliten und unsere astronauten, so lange sie sich in einer erd- oder mond-umlaufbahn befinden, zu orten. die grösste, die 70-meter (230 fuß) antenne, befindet sich an der mars basis. diese antenne ist die empfindlichste, und sie kann eine raumsonde orten, die mehr als 16 millarden kilometer (10 millarden meilen) von der erde entfernt ist.

mama sass: es bleibt halt die frage, habe ich wirklich freunde auf dieser welt? und die leute hier draußen denken über ihre vergangenheit nach, ja gut, ich könnte vielleicht diesen alten freund anrufen, oder jenen, aber dann können sie sie doch nicht anrufen. weil sie das ihren freunden nicht antun würden, sie würden nicht sagen, hey ich sterbe, ich brauche hilfe. weil sie so viel mit sich herumtragen, können sie so weit gar nicht gehen. wie ich zum beispiel, meinen kindern hab ich schon gesagt, scheiße, wenn ich sterbe, das ist mir scheißegal. schmeißt mich in die gottverdammte mülltonne, lasst die beschissene müllabfuhr mich holen, ist mir gleich. es ist unwichtig, es ist vorbei, ich bin tot, es ist bloß ein körper.

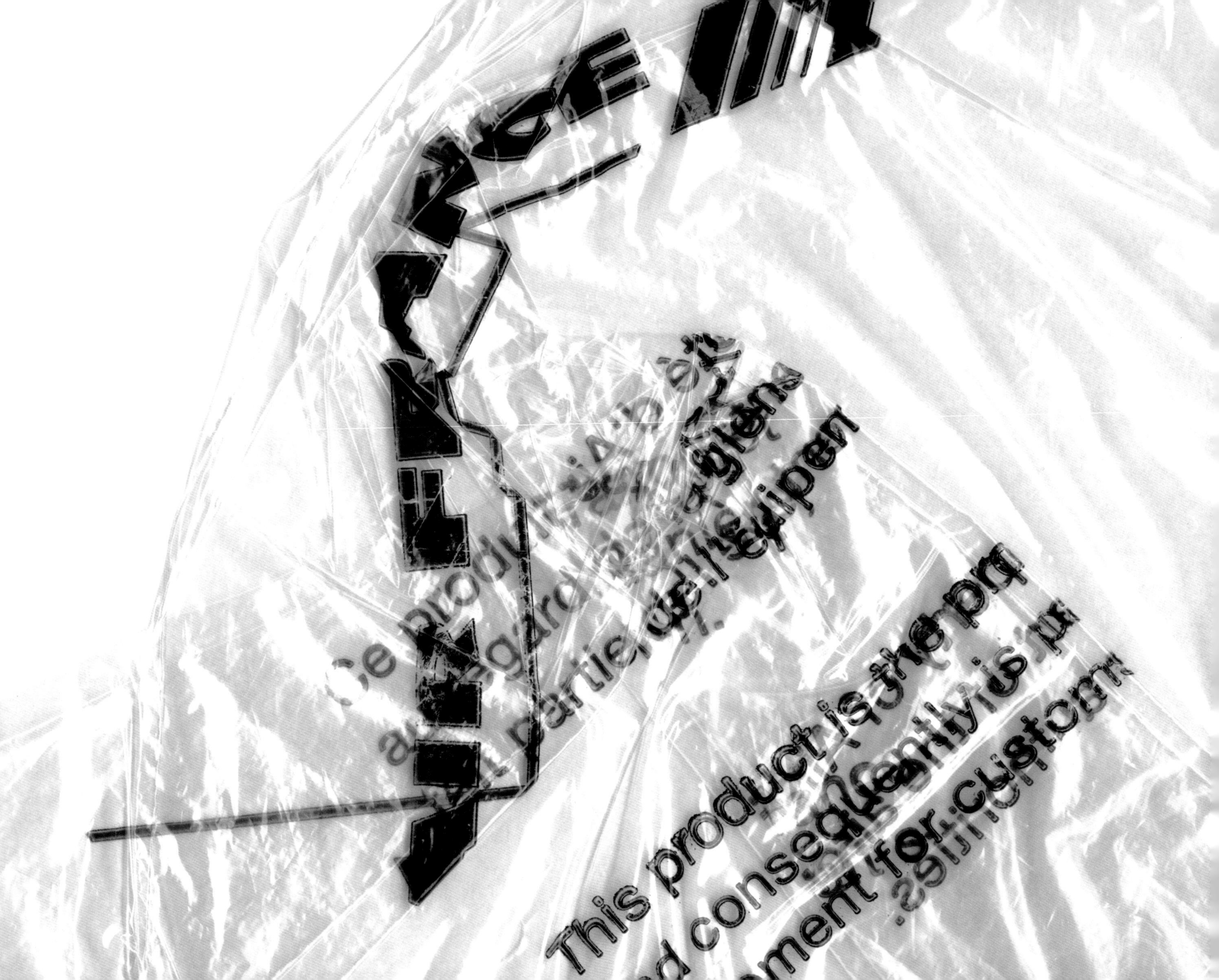
This product is the pr
consequently is
ment for custom

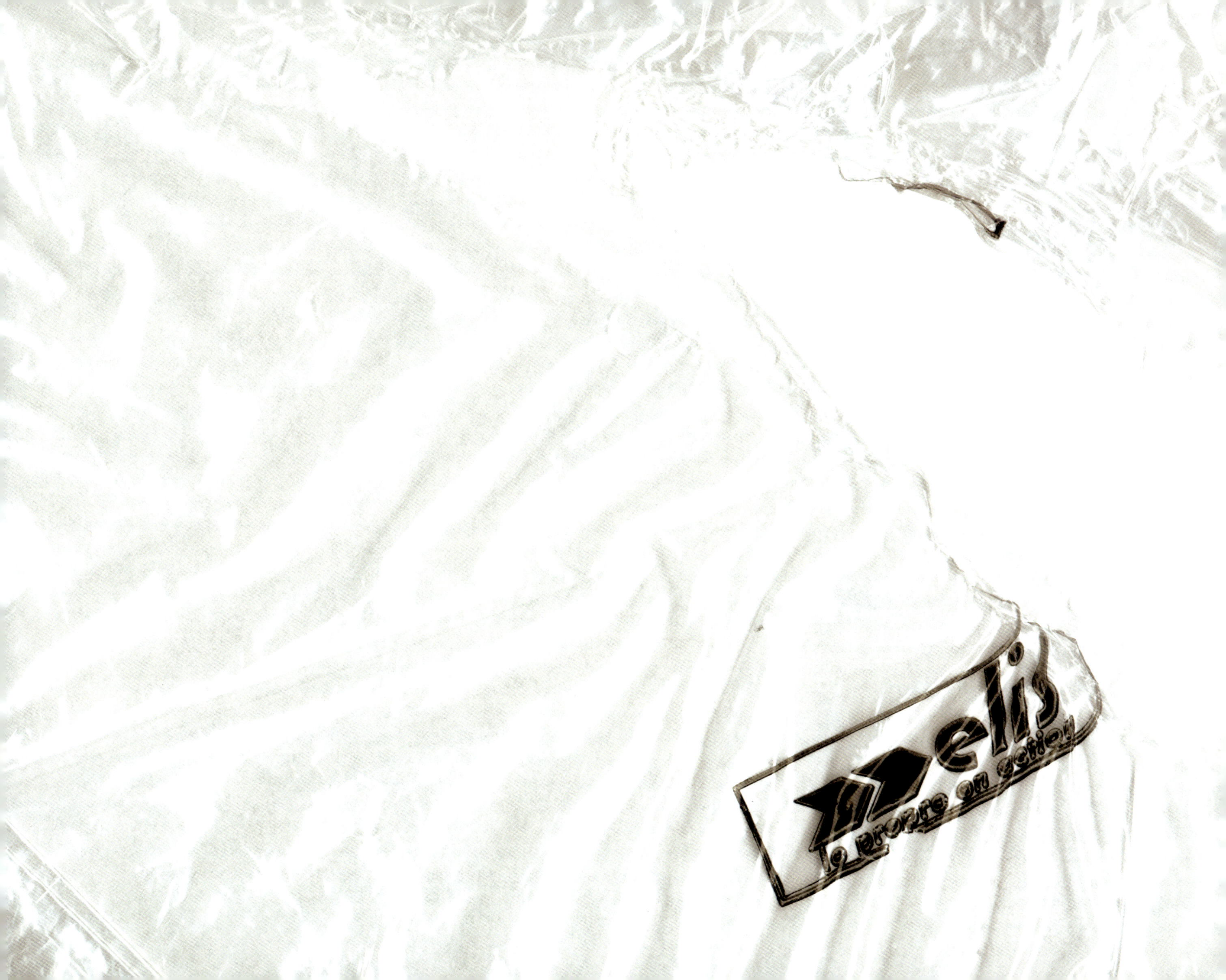

elis
lo sforzo in action

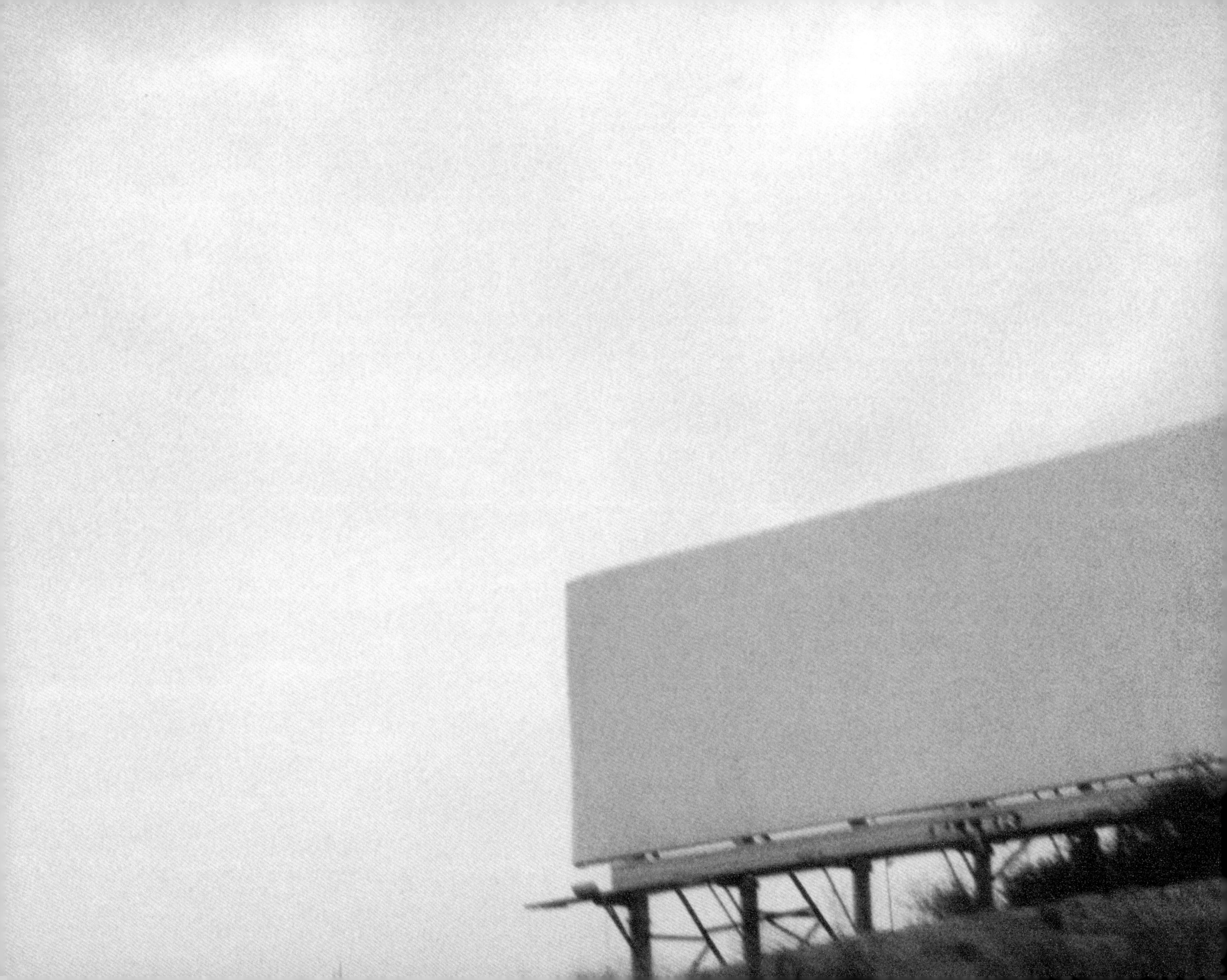

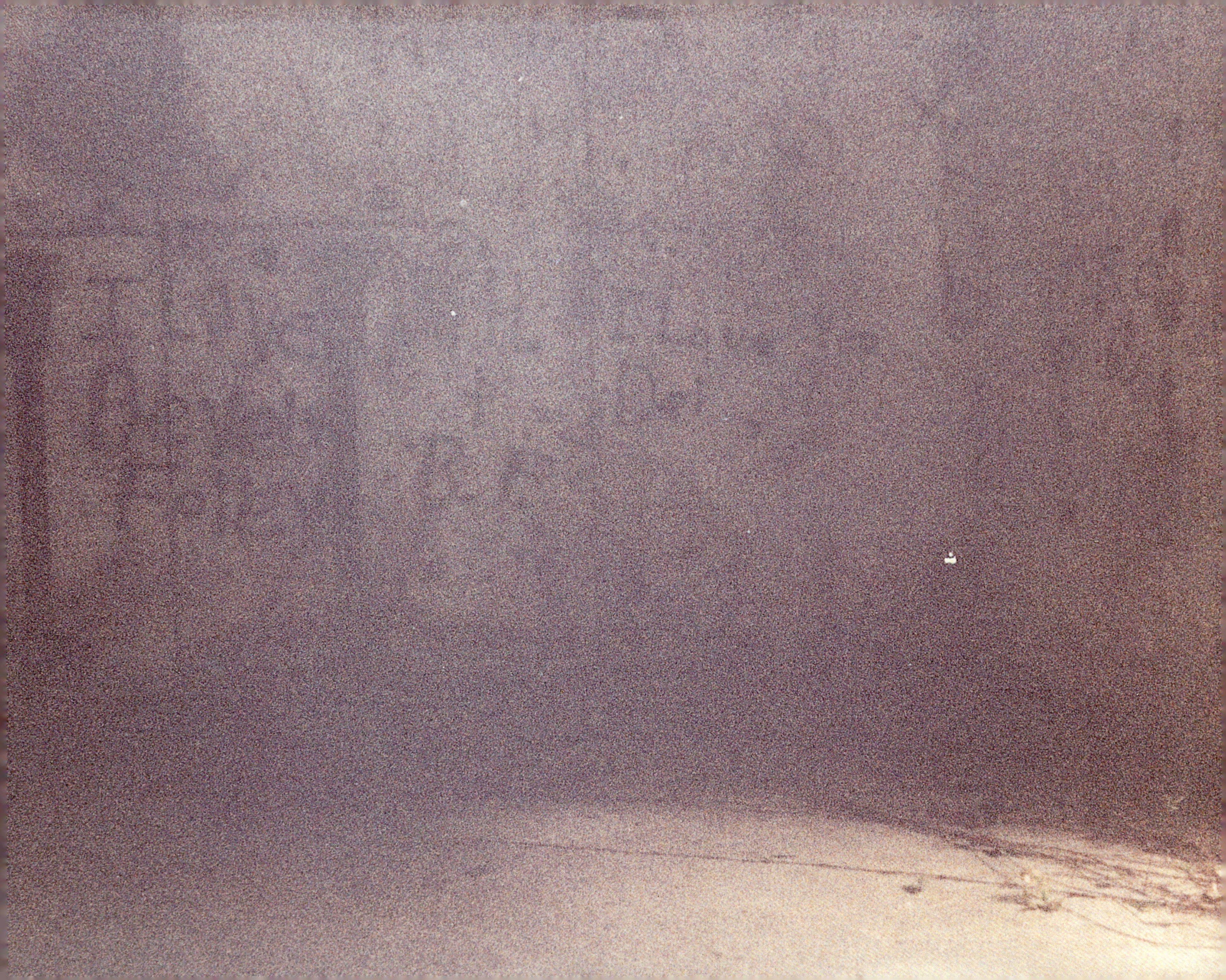

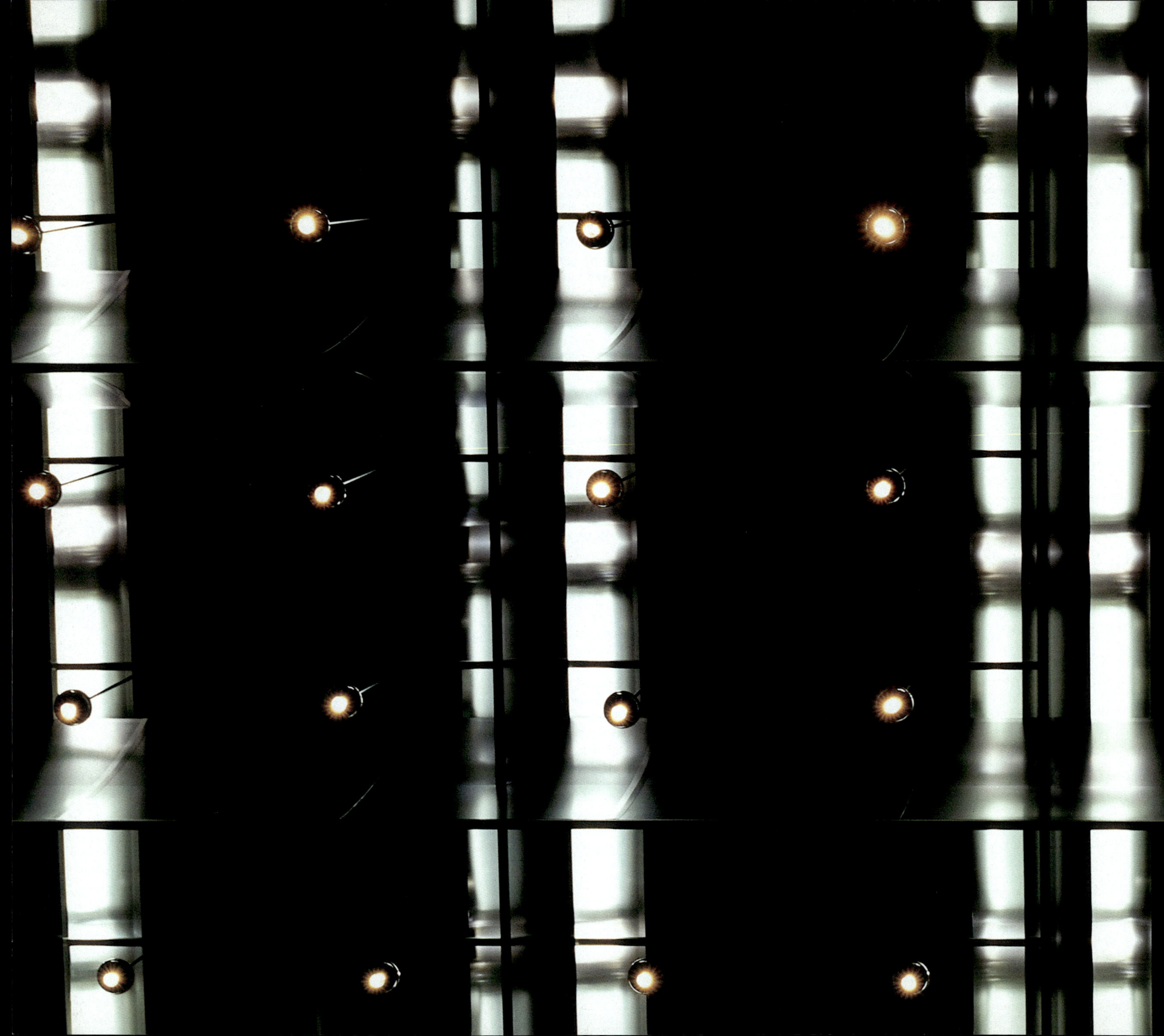

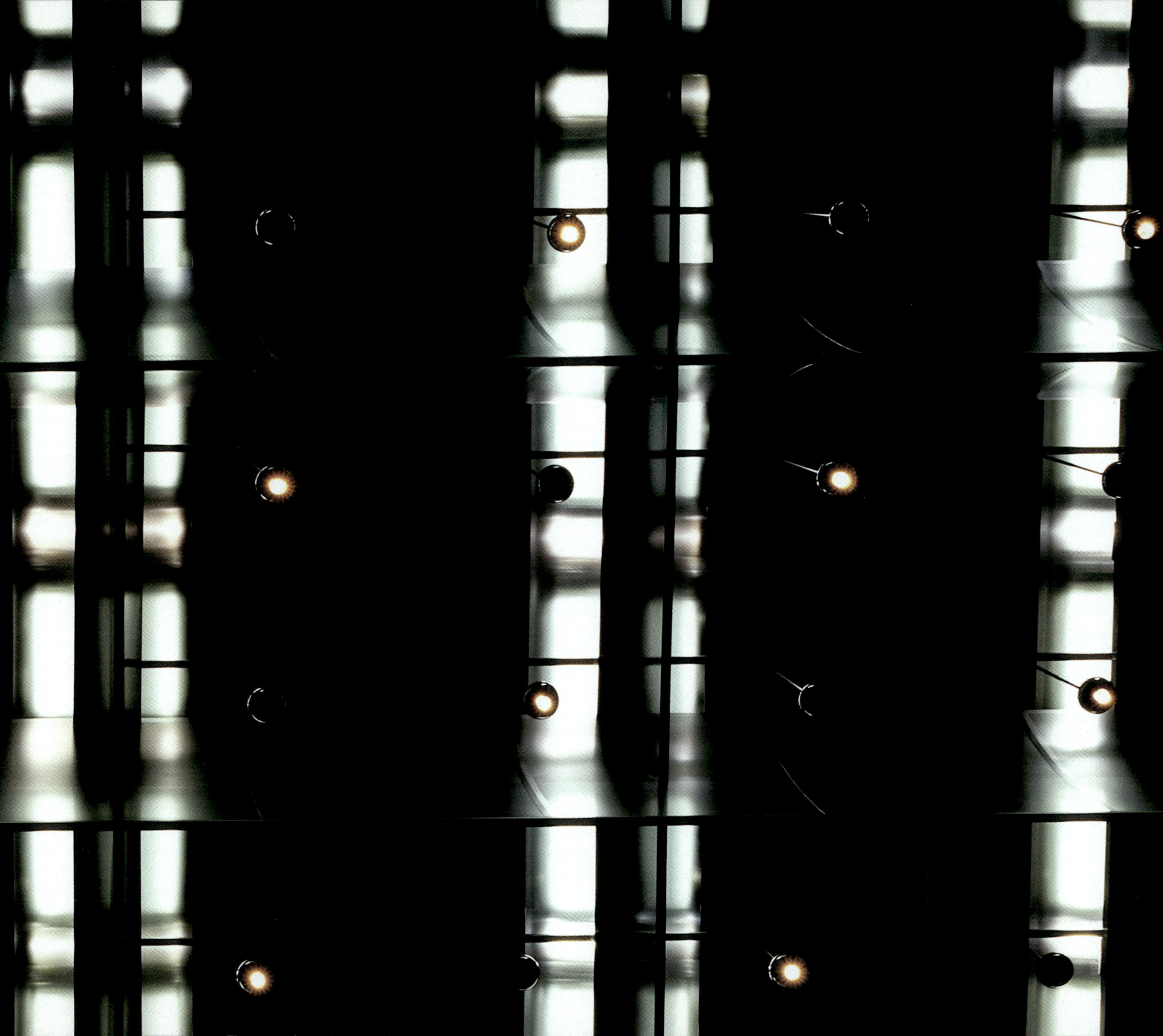

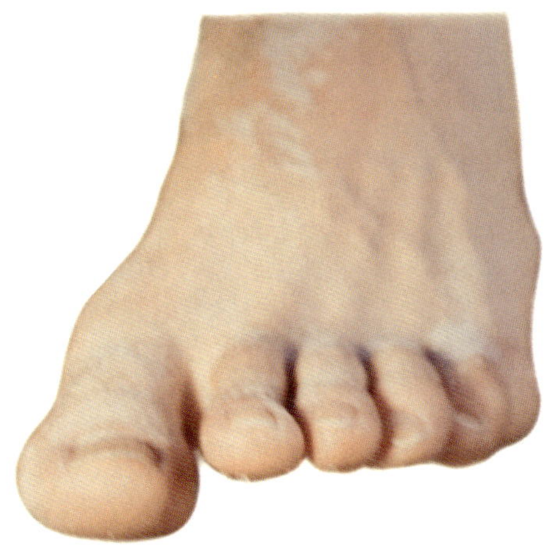

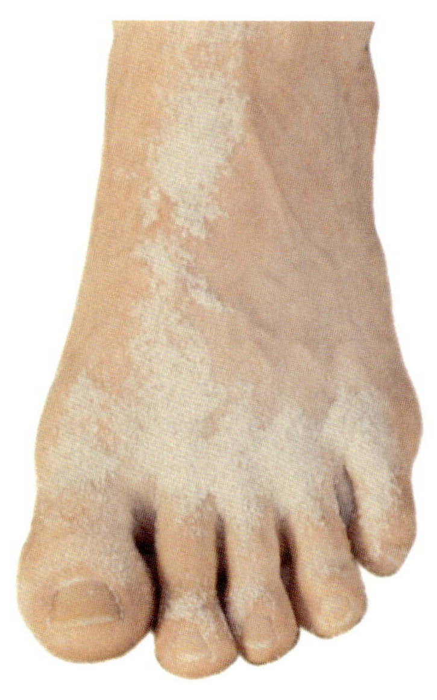

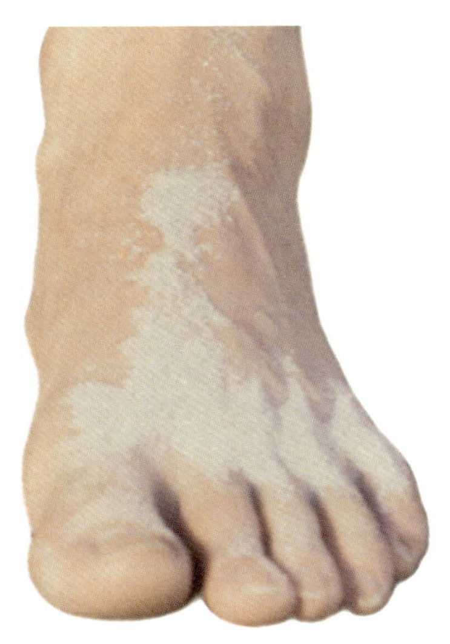

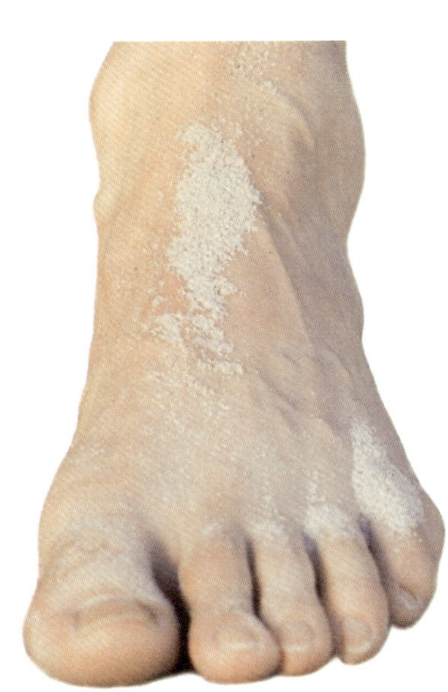

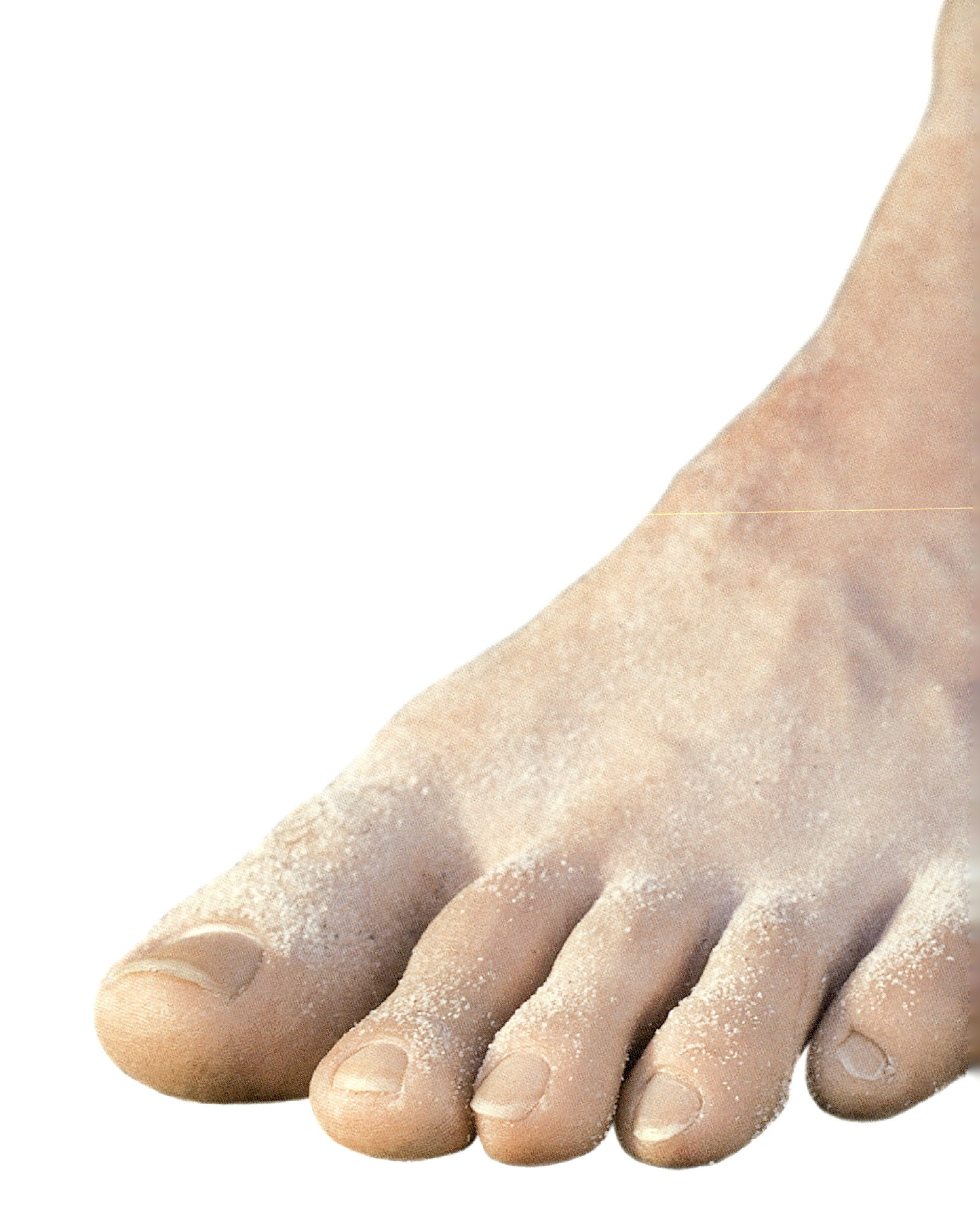

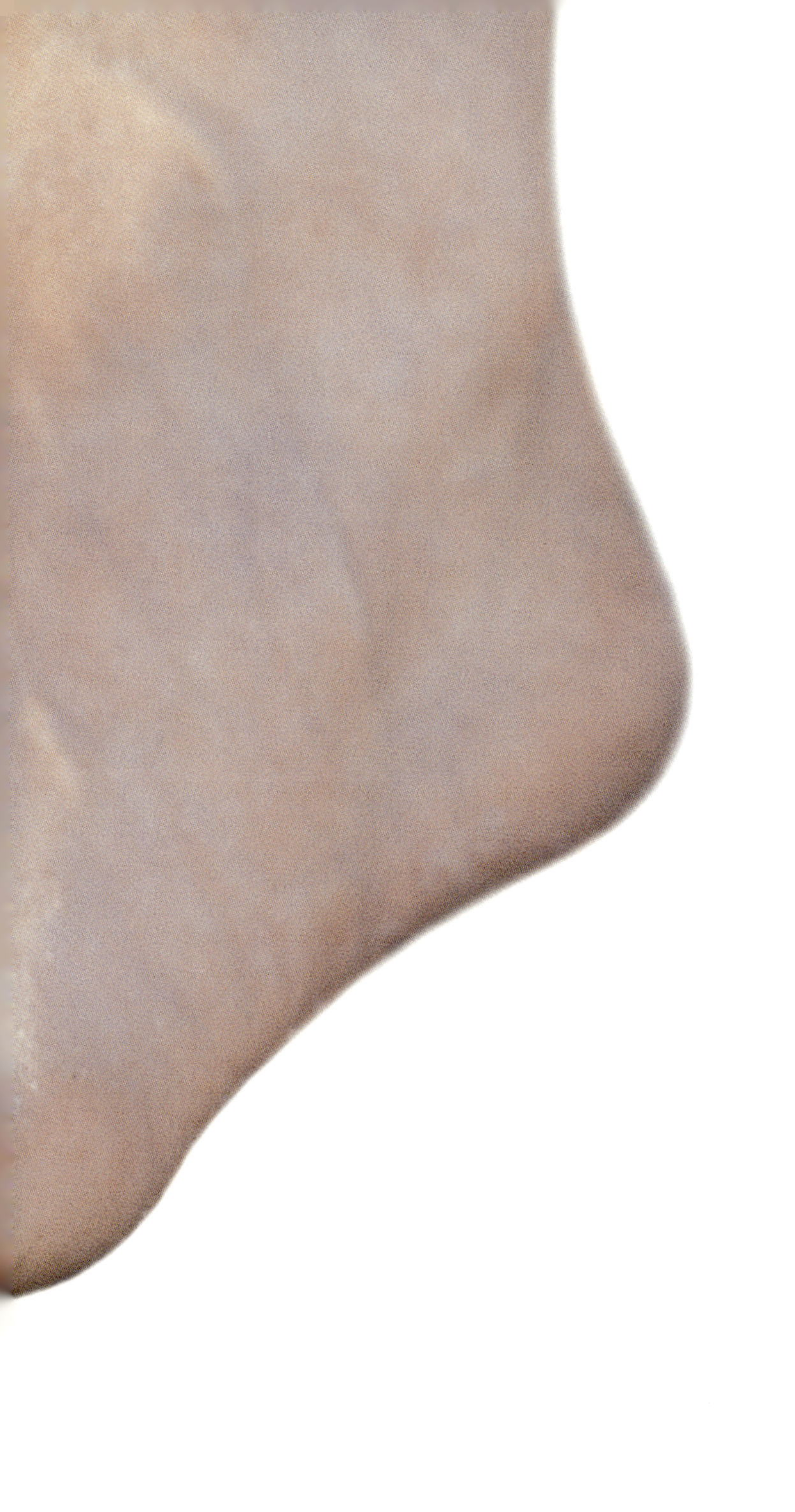

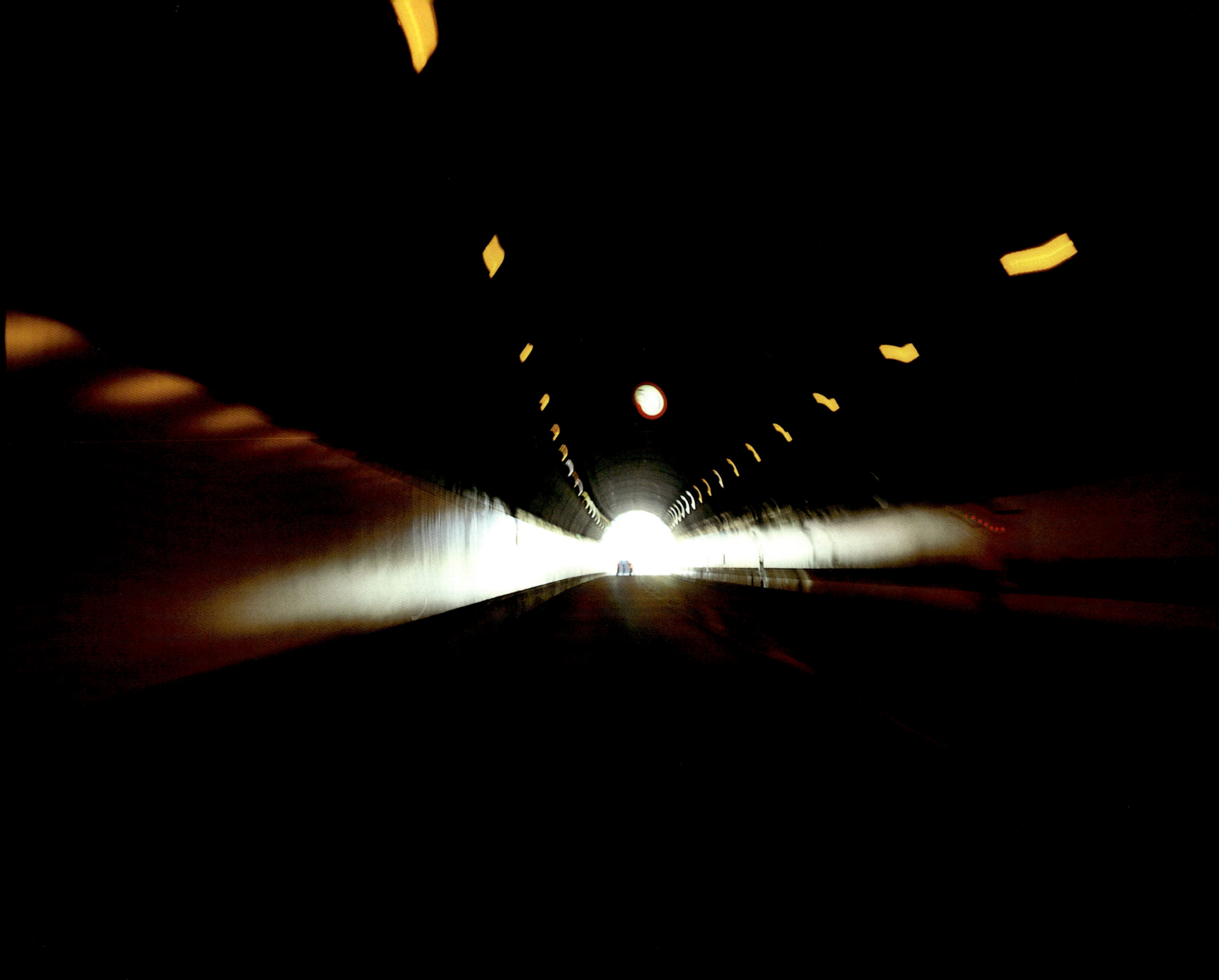

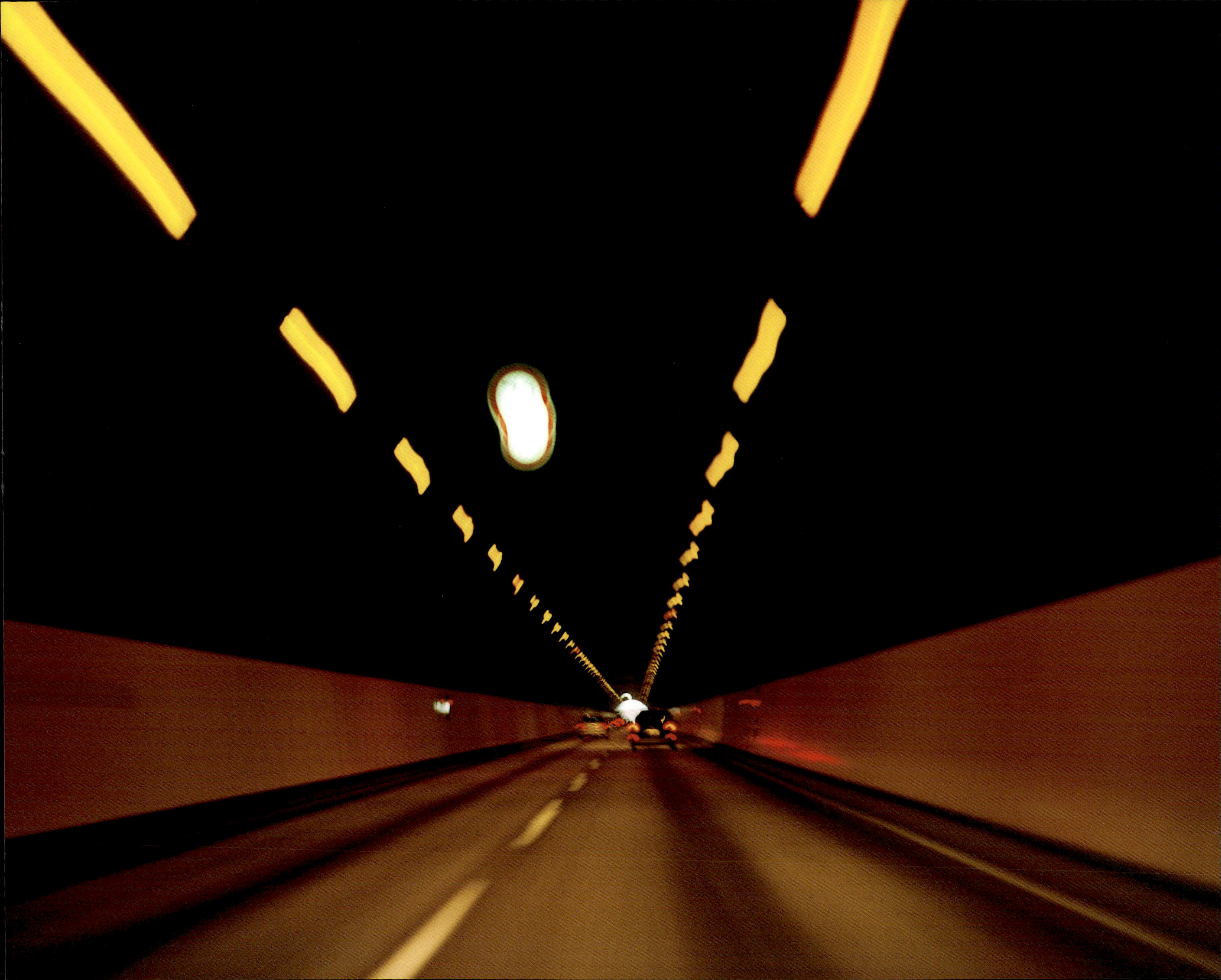

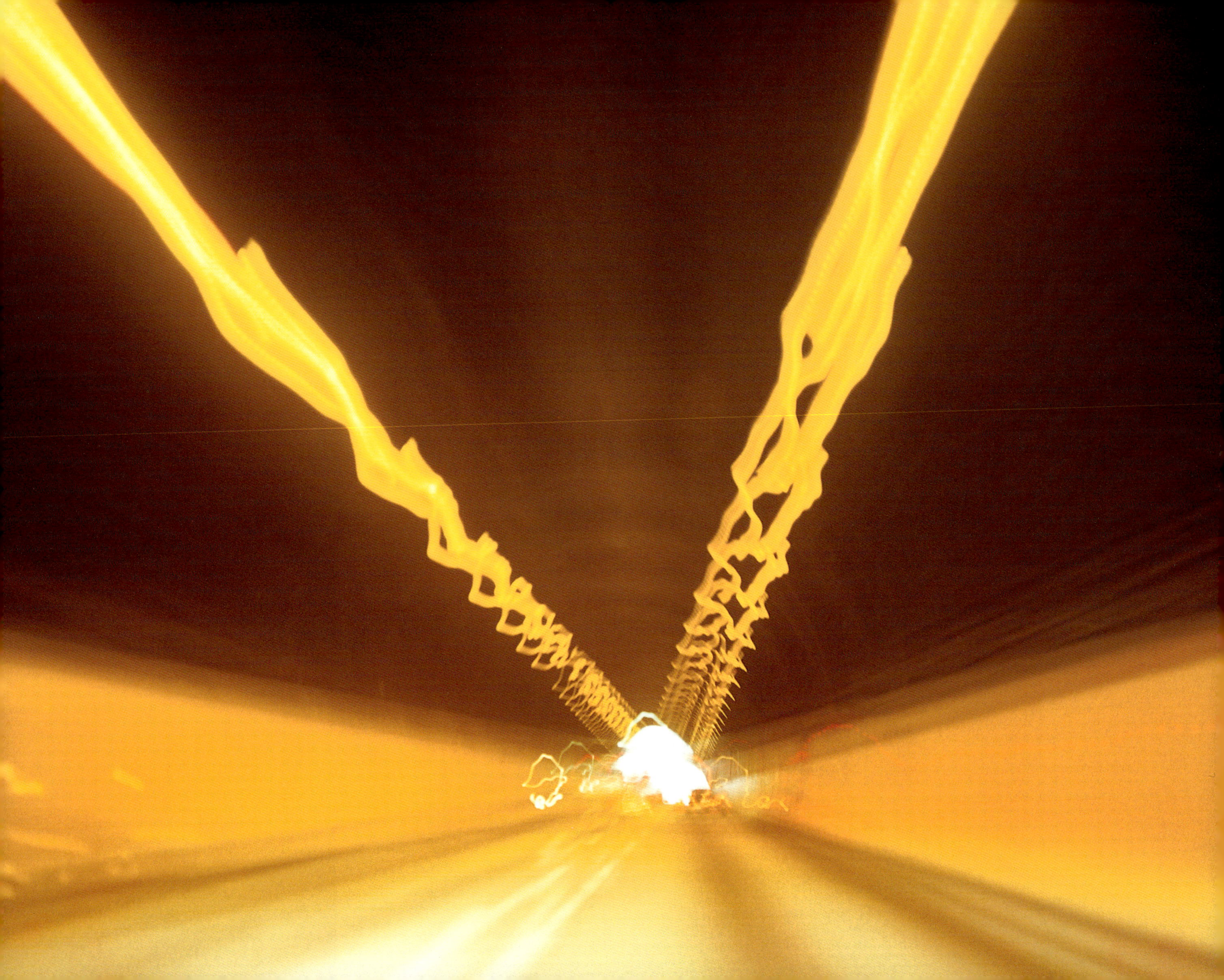

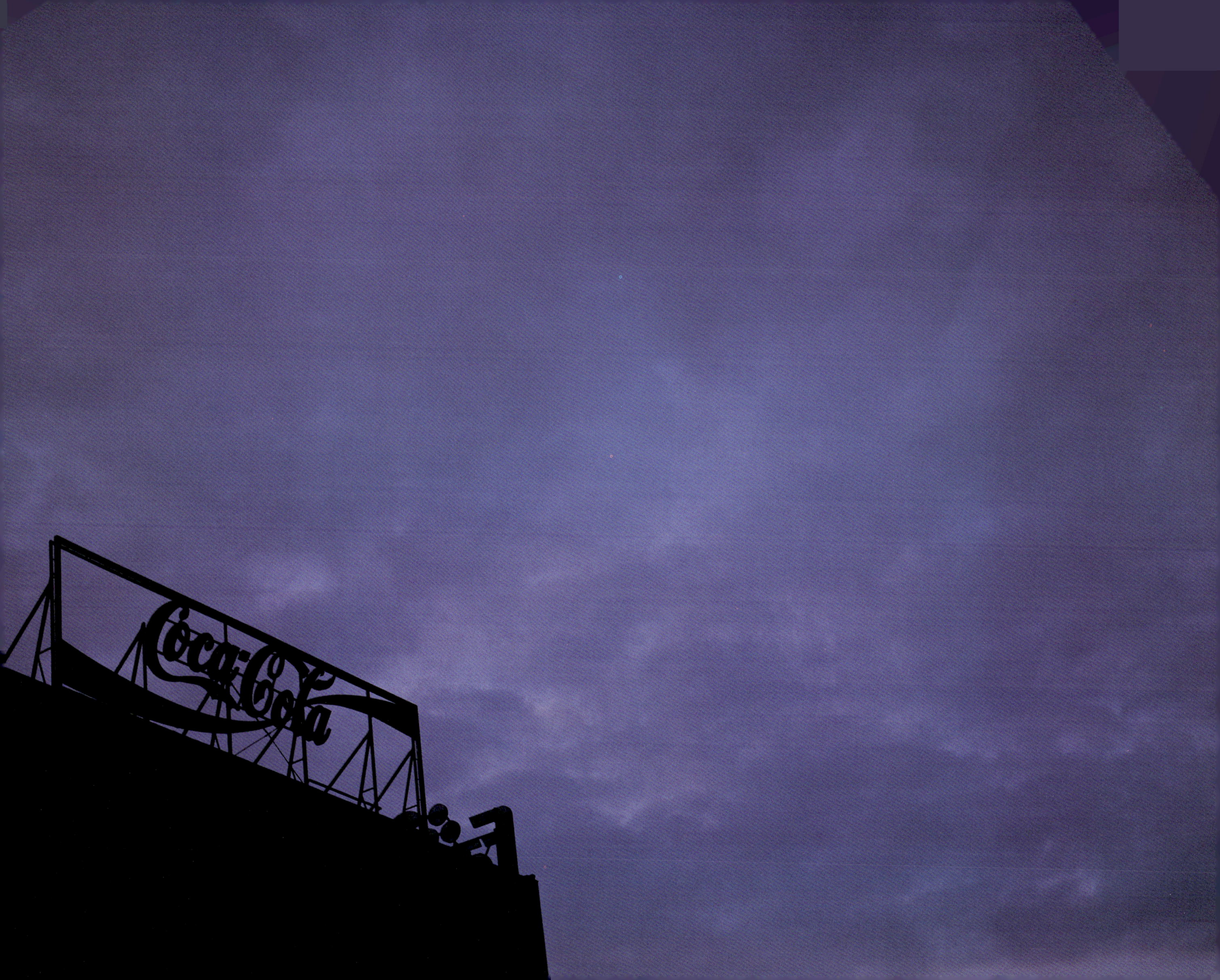
Coca-Cola

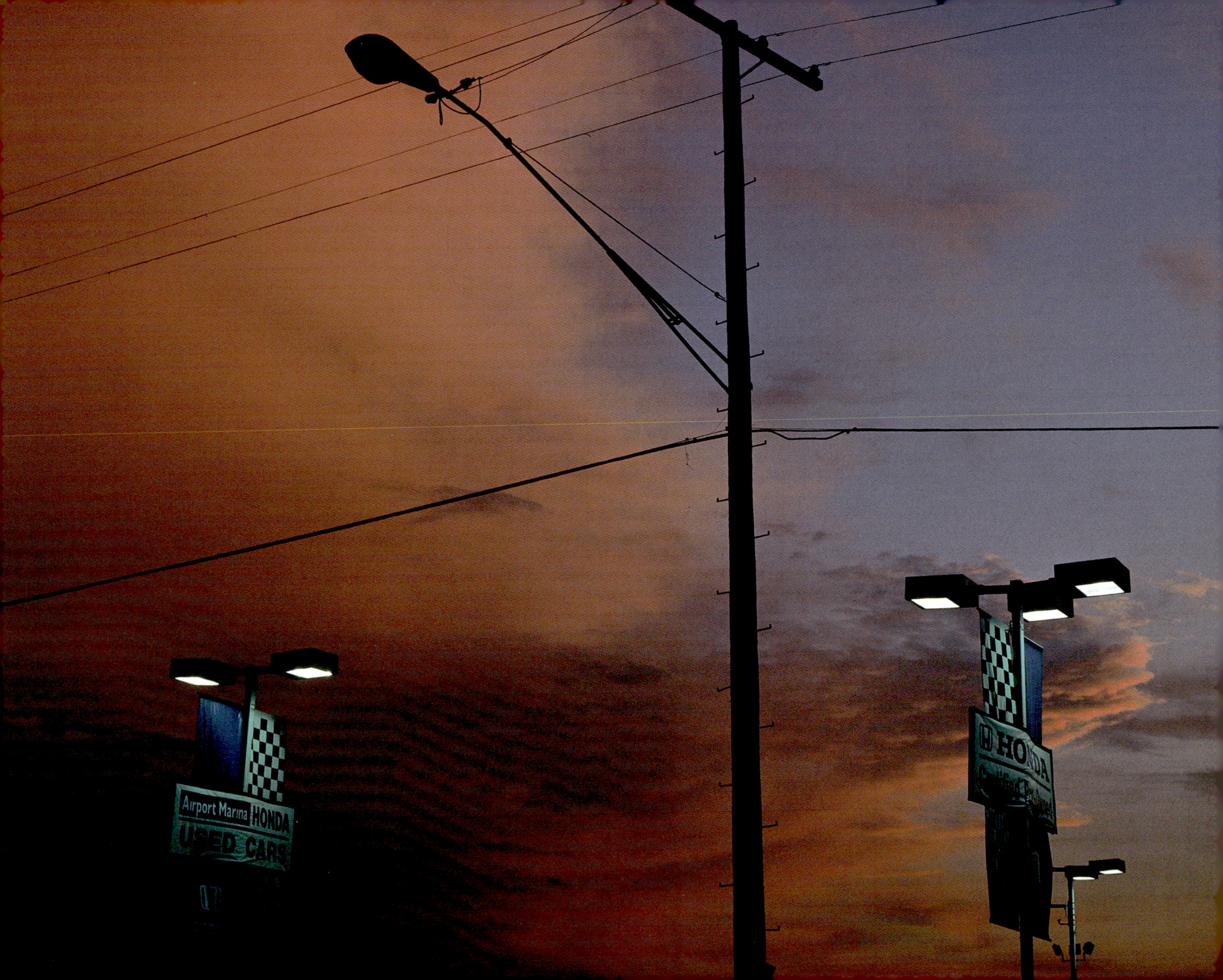

Airport Marina HONDA
USED CARS
HONDA

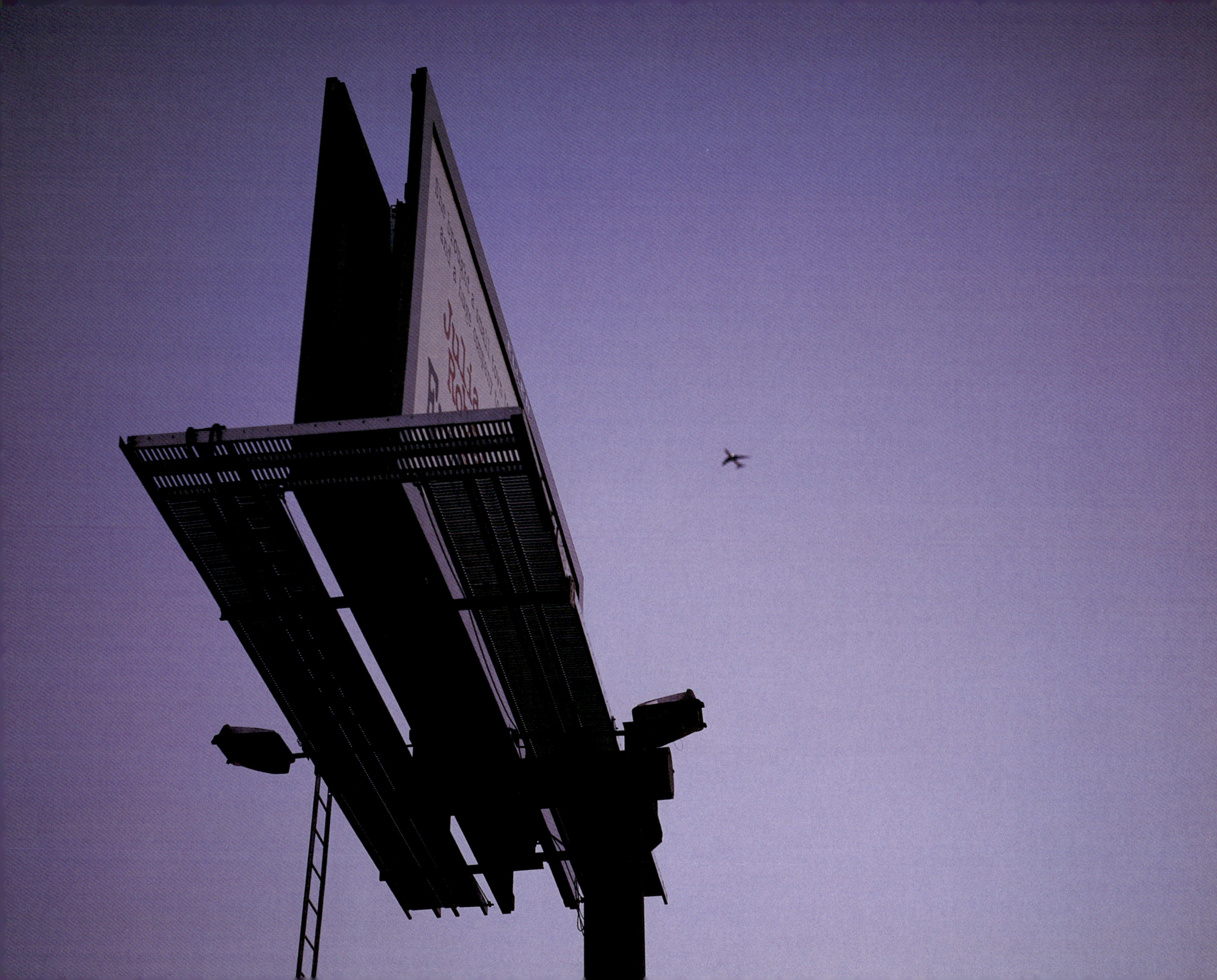

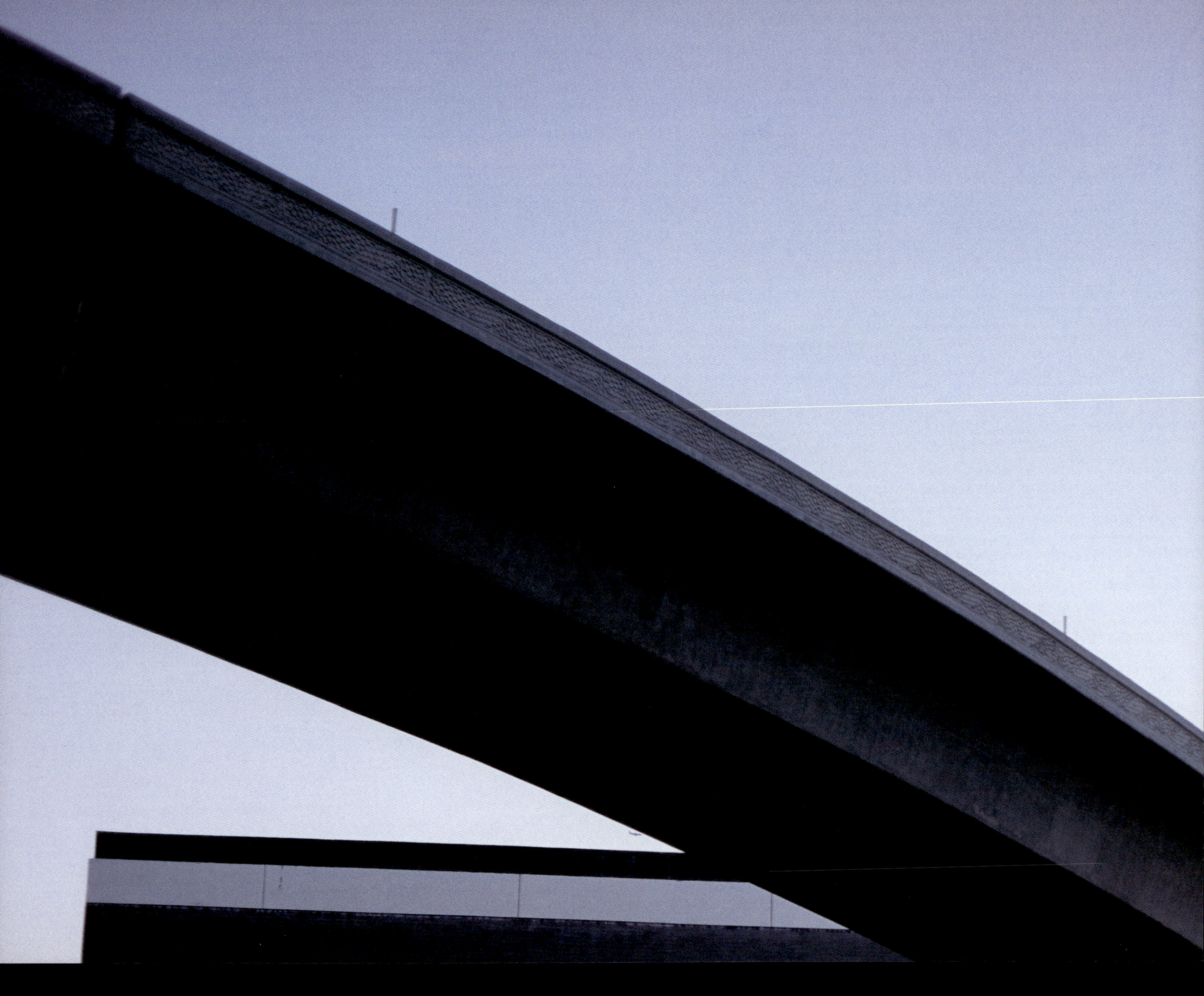

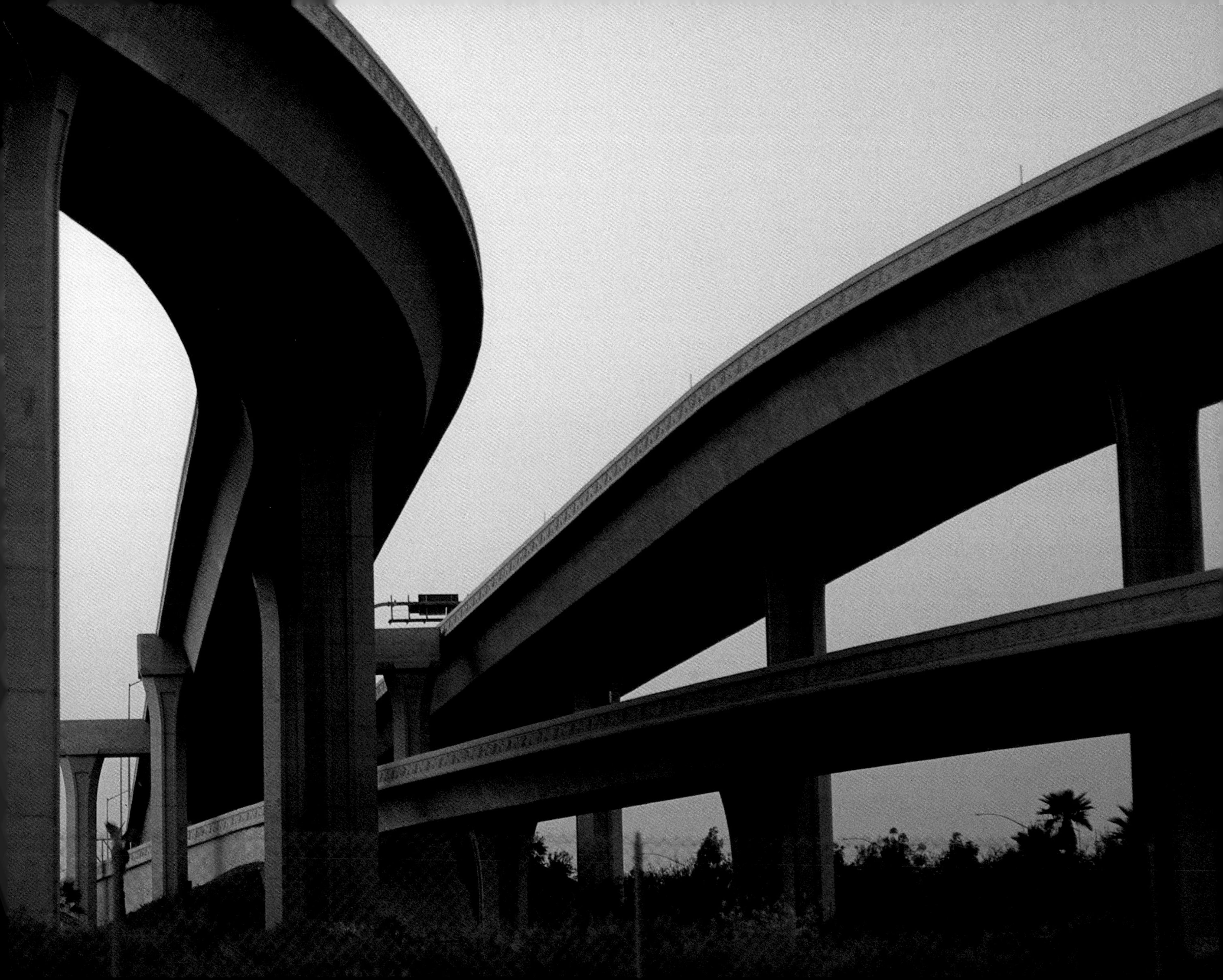

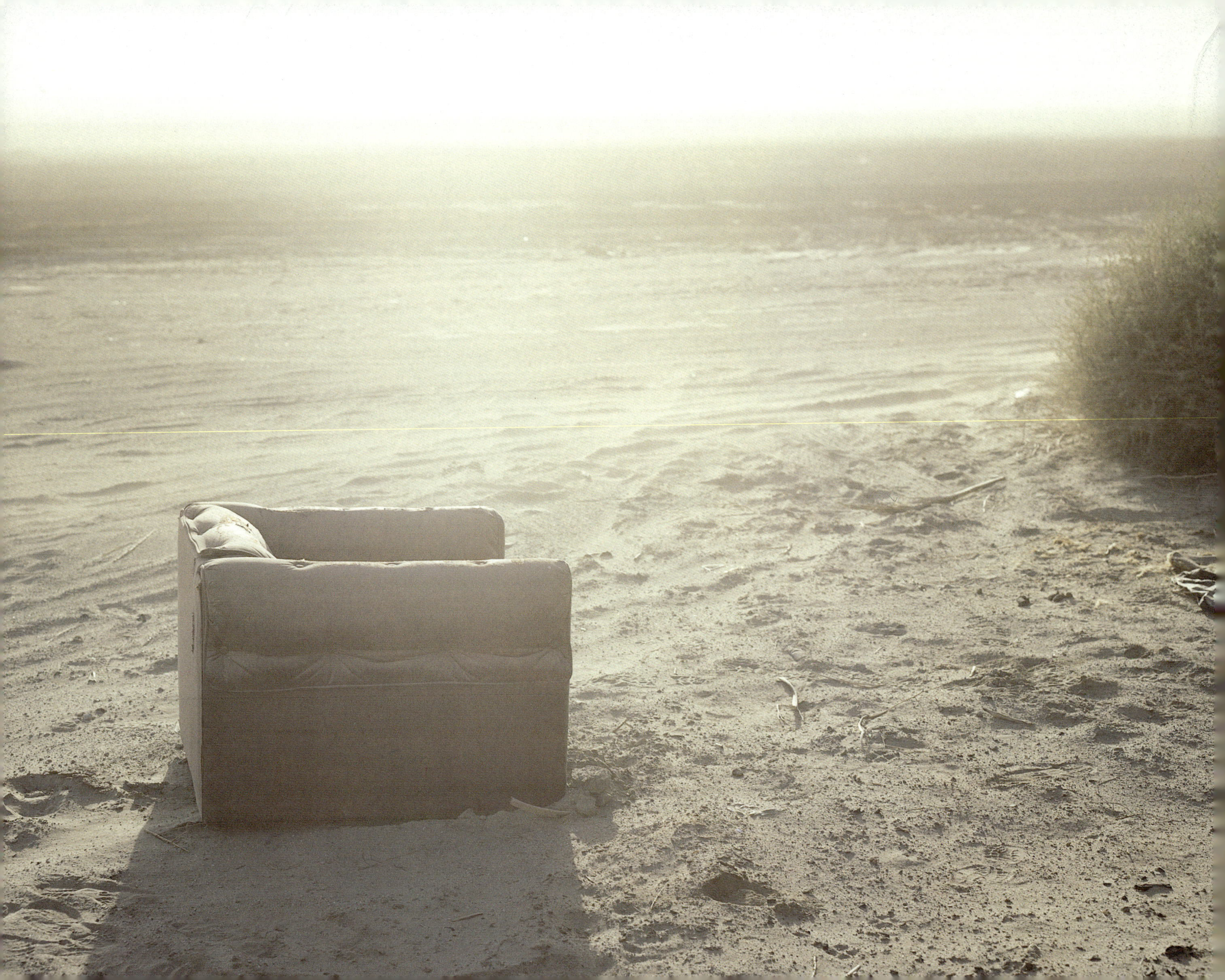

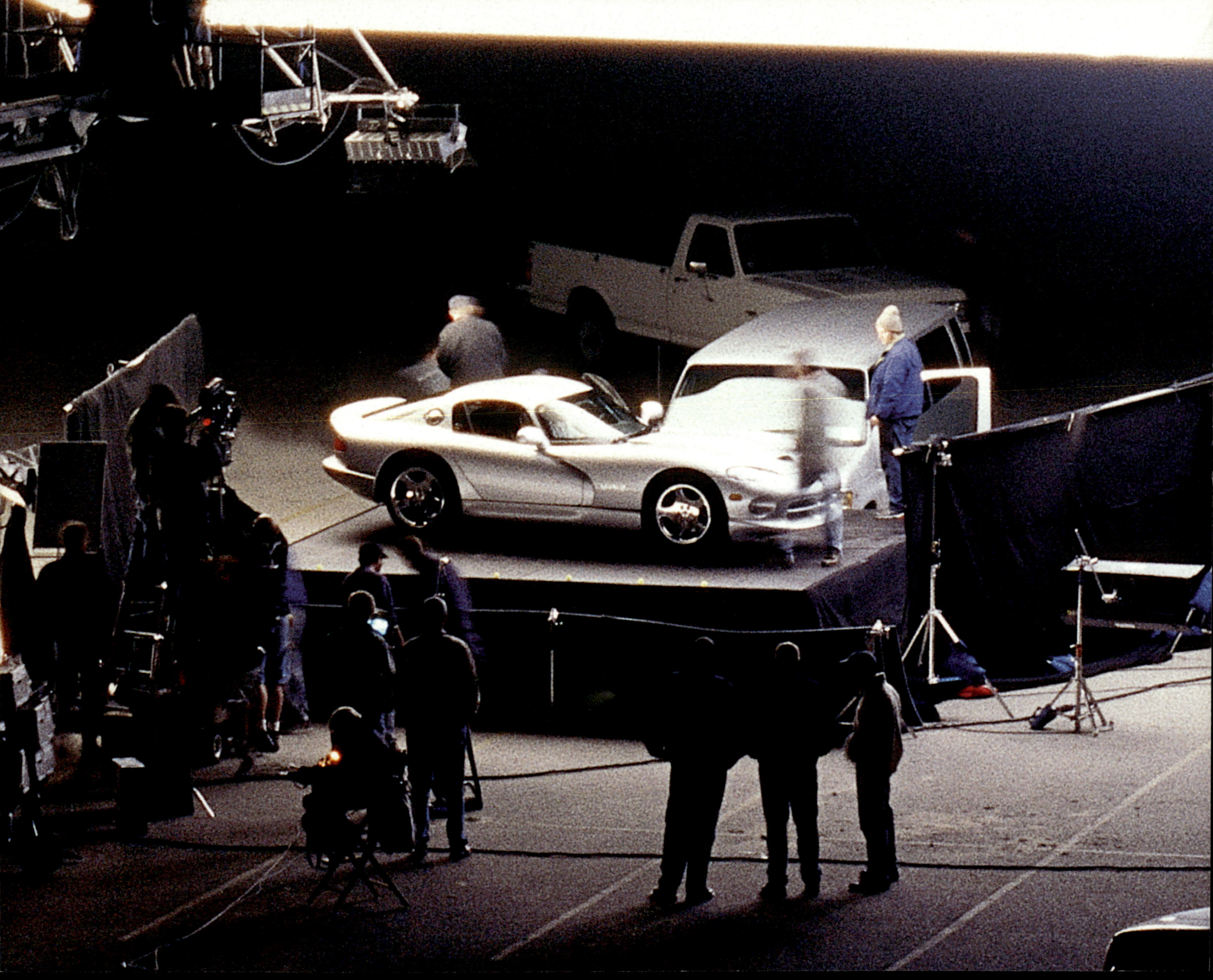

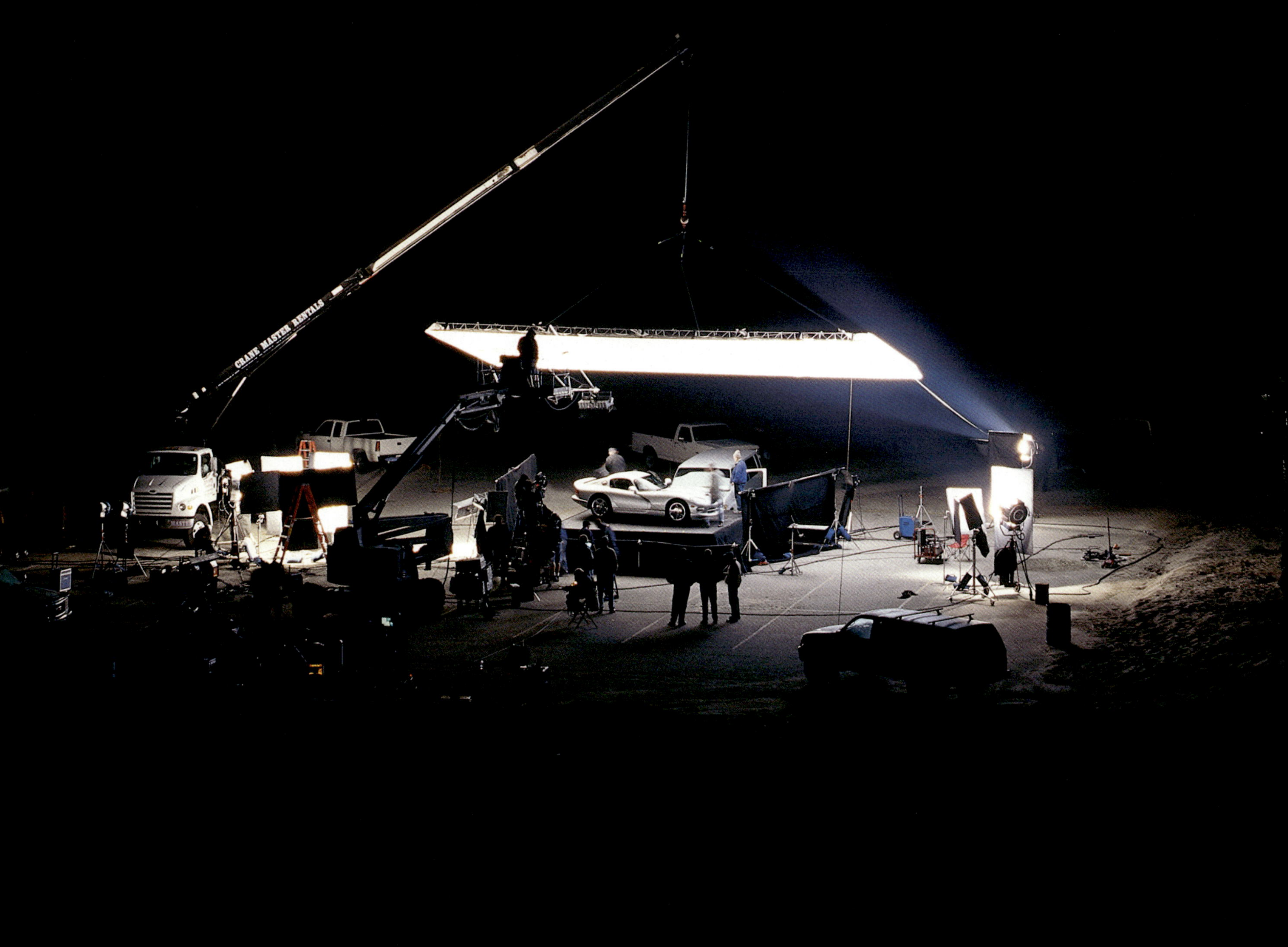

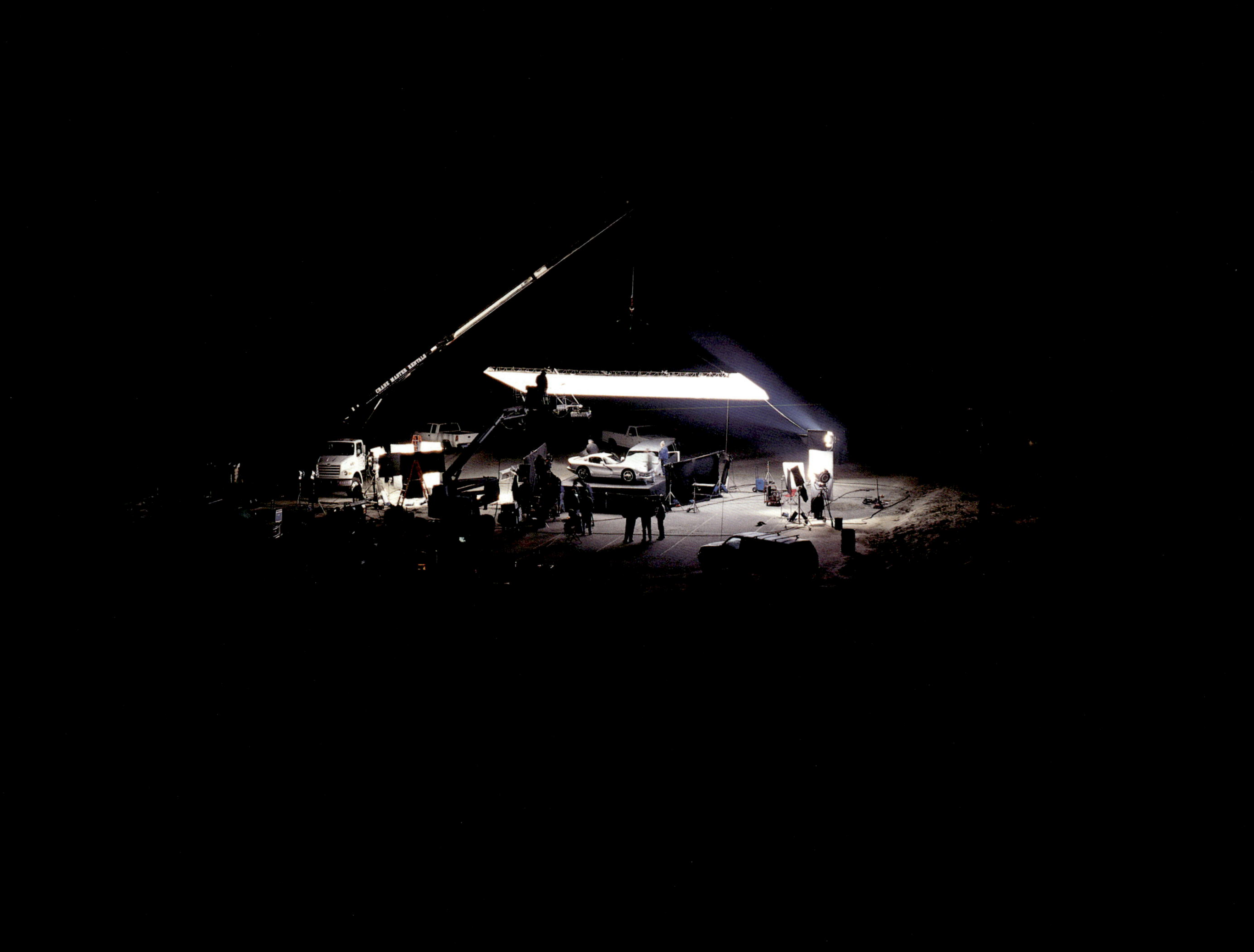

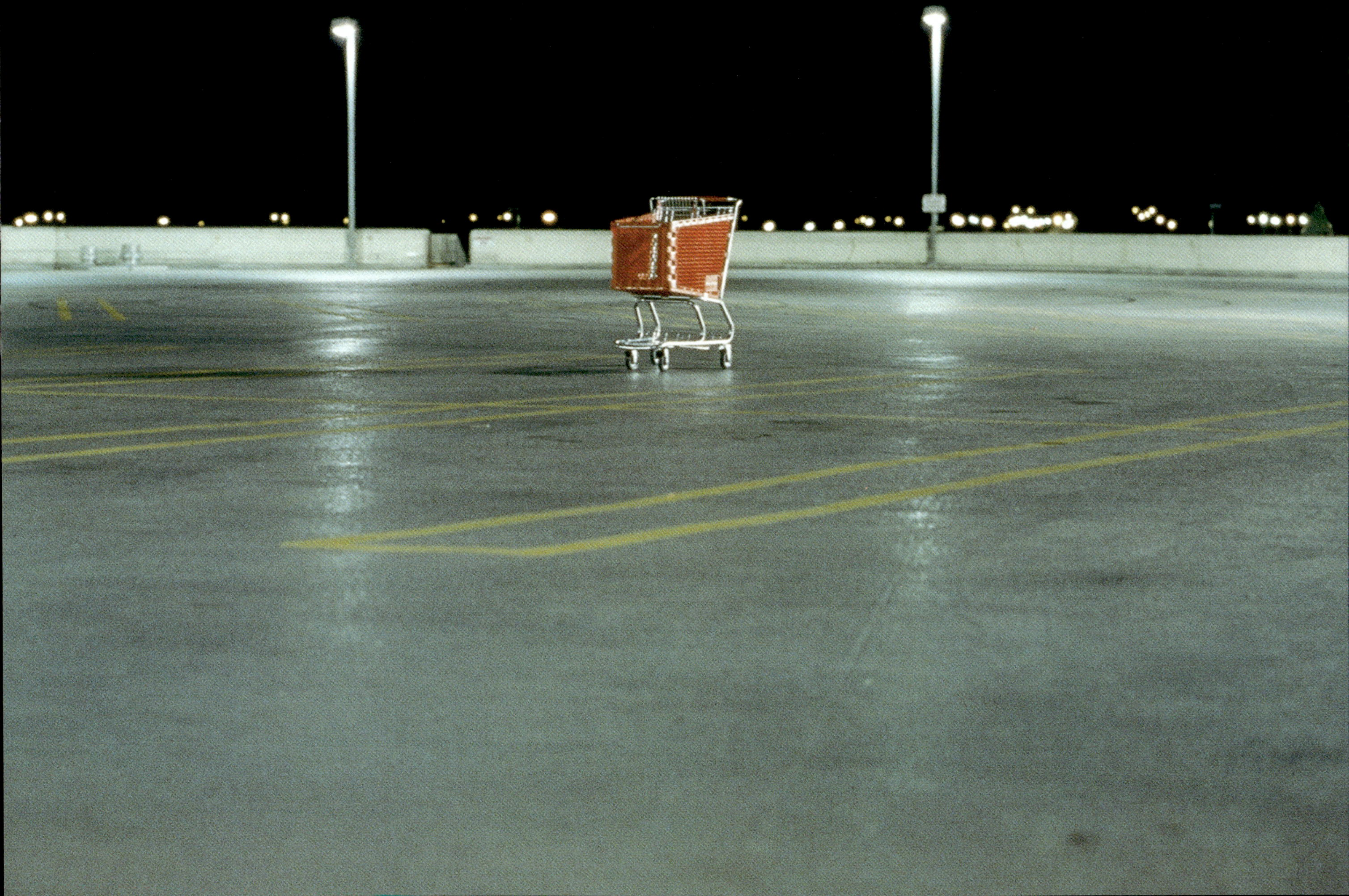

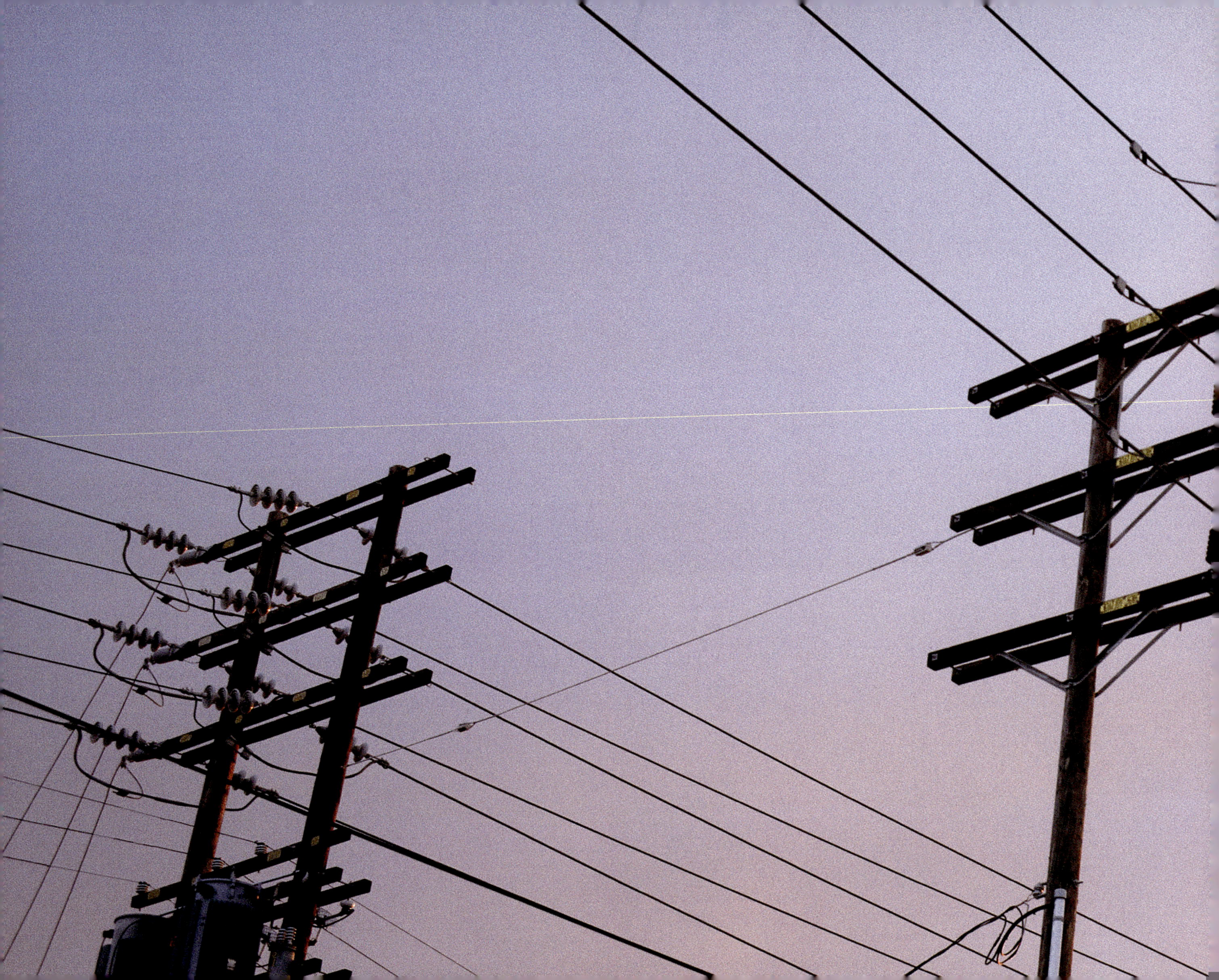

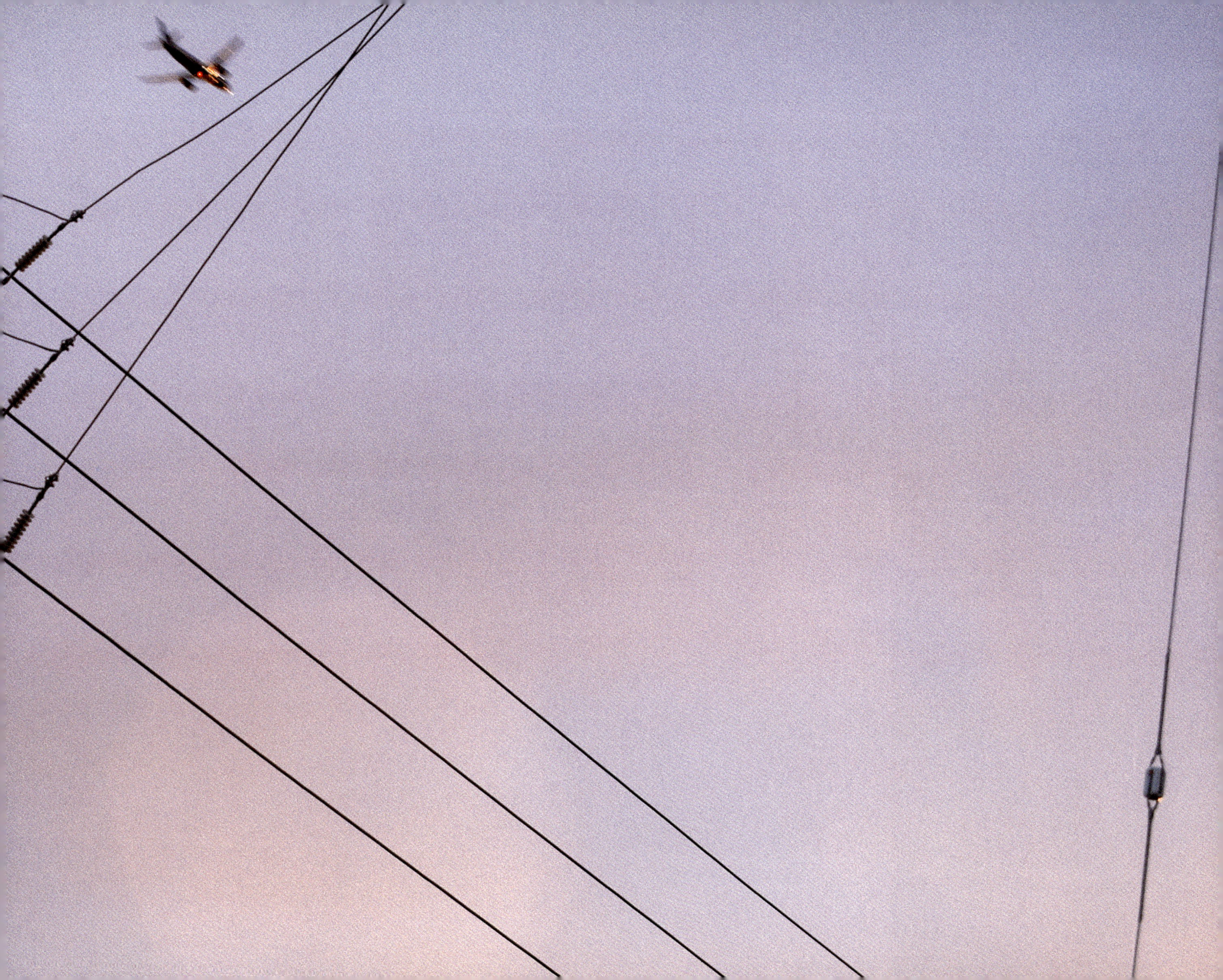

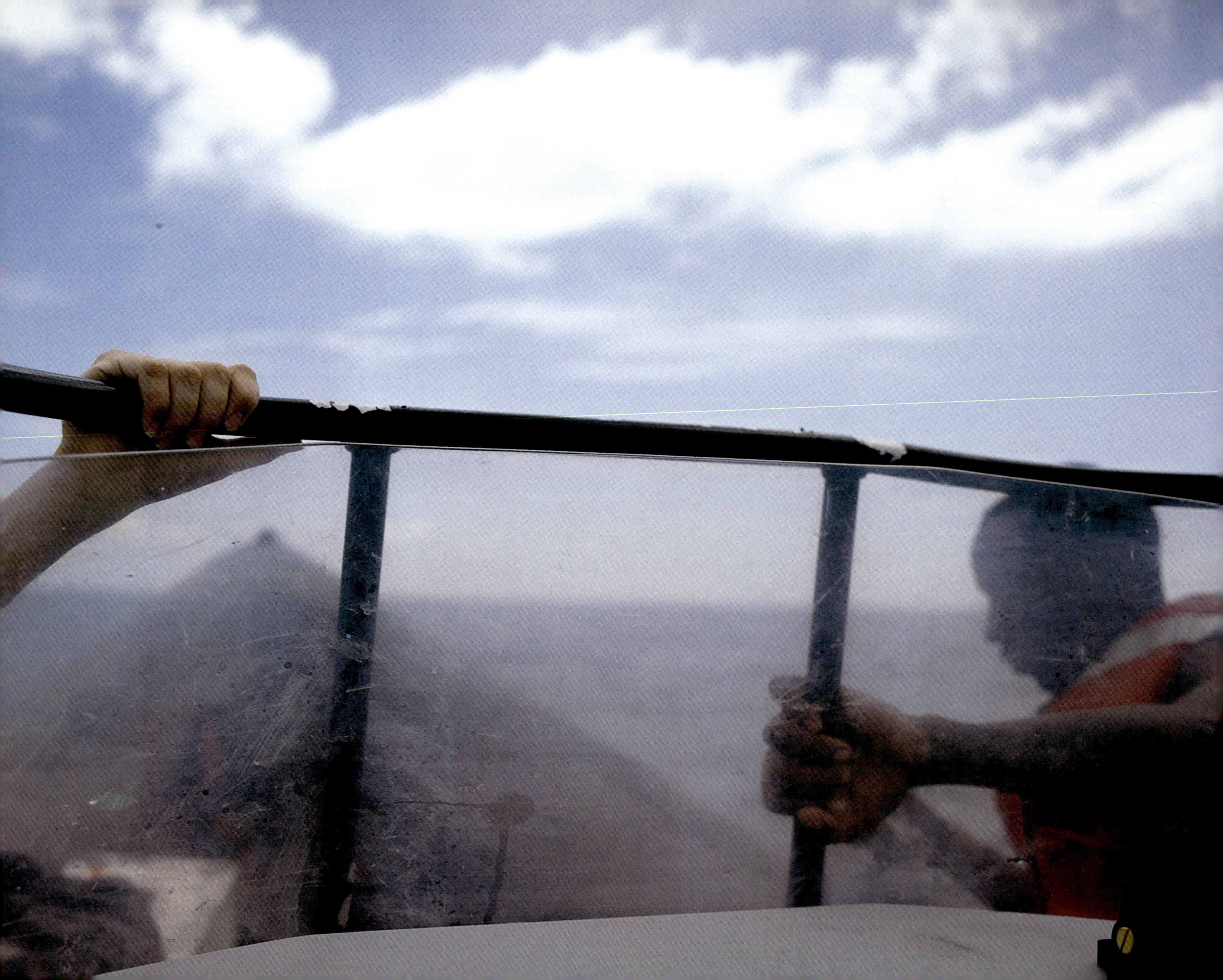

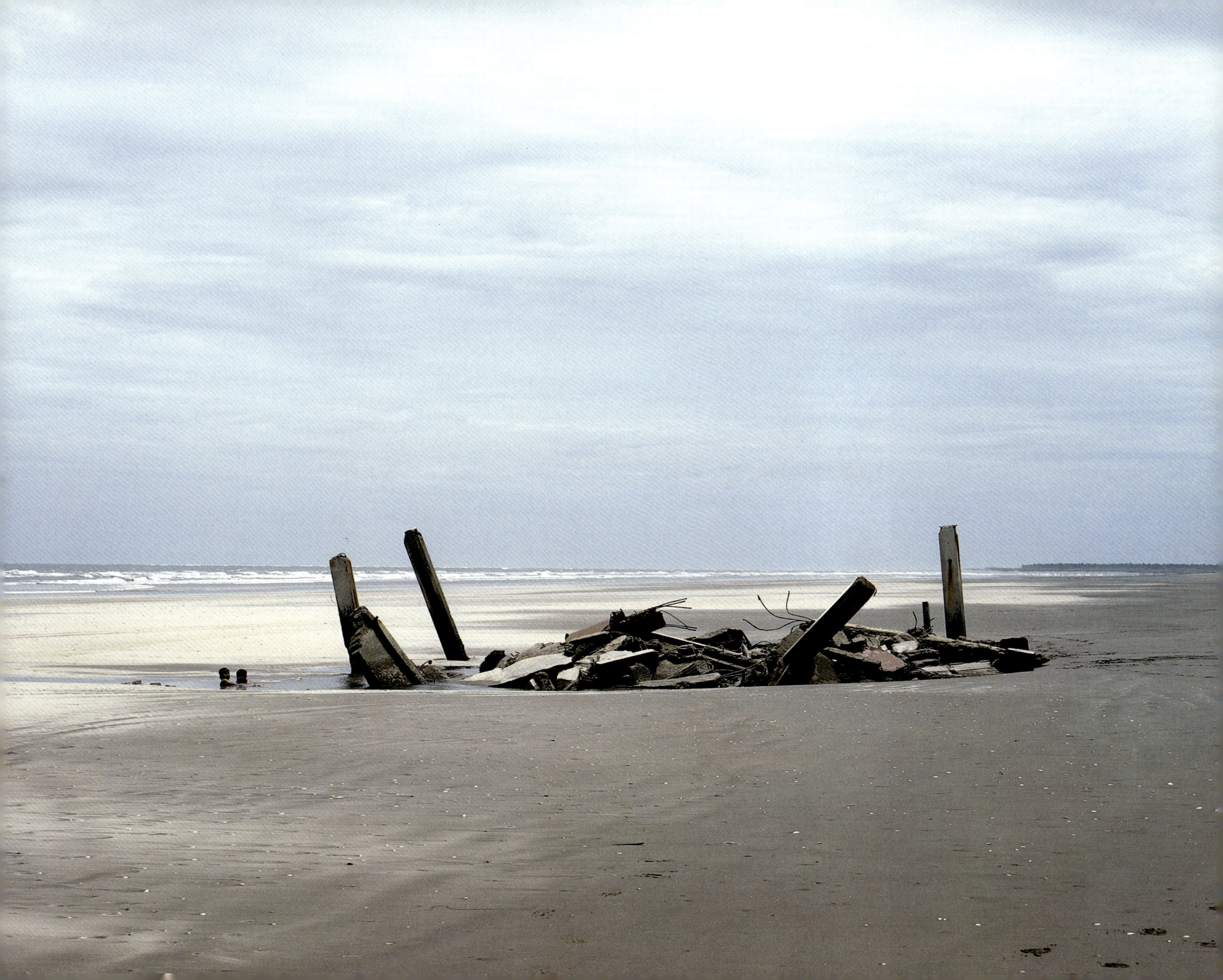

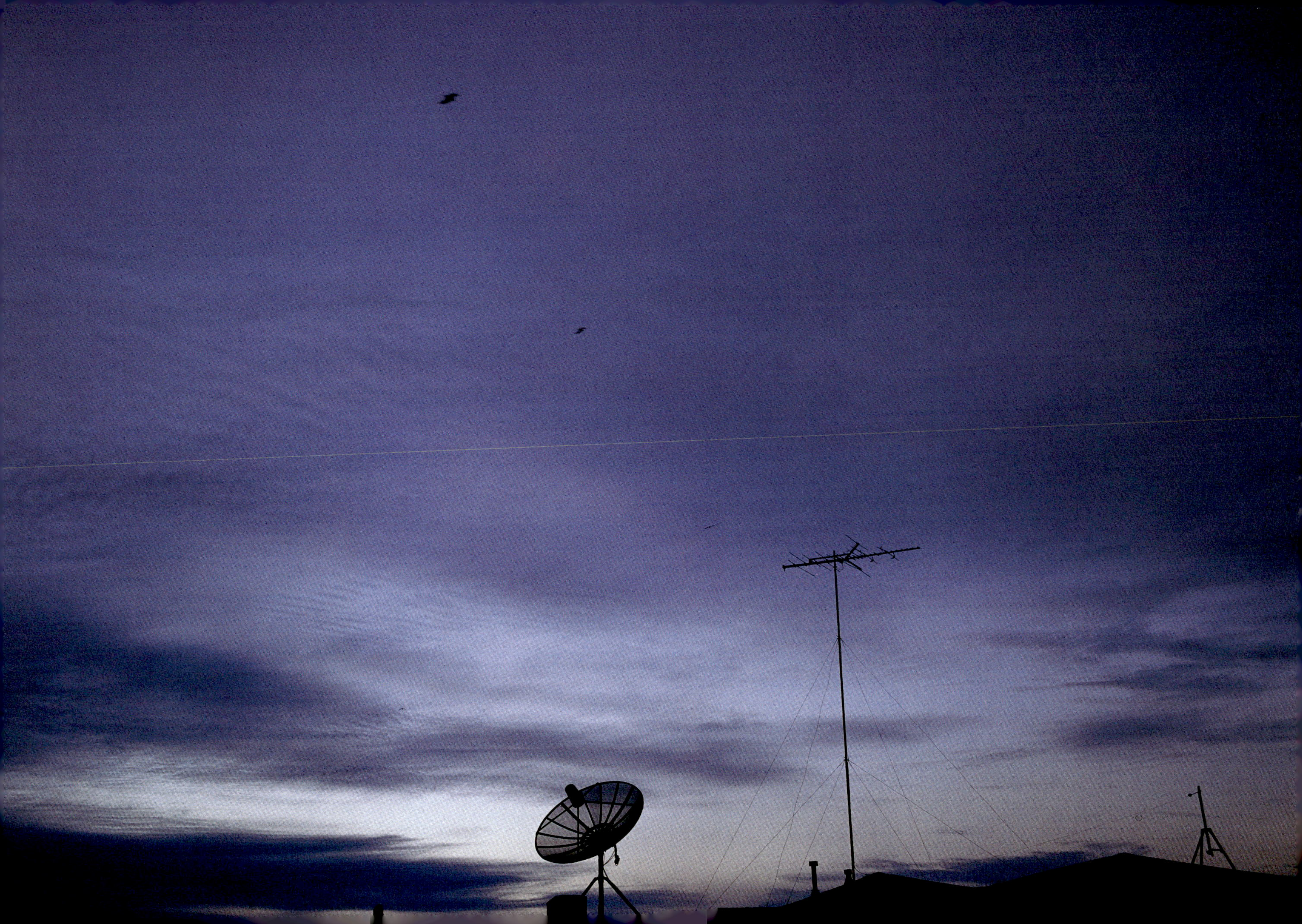

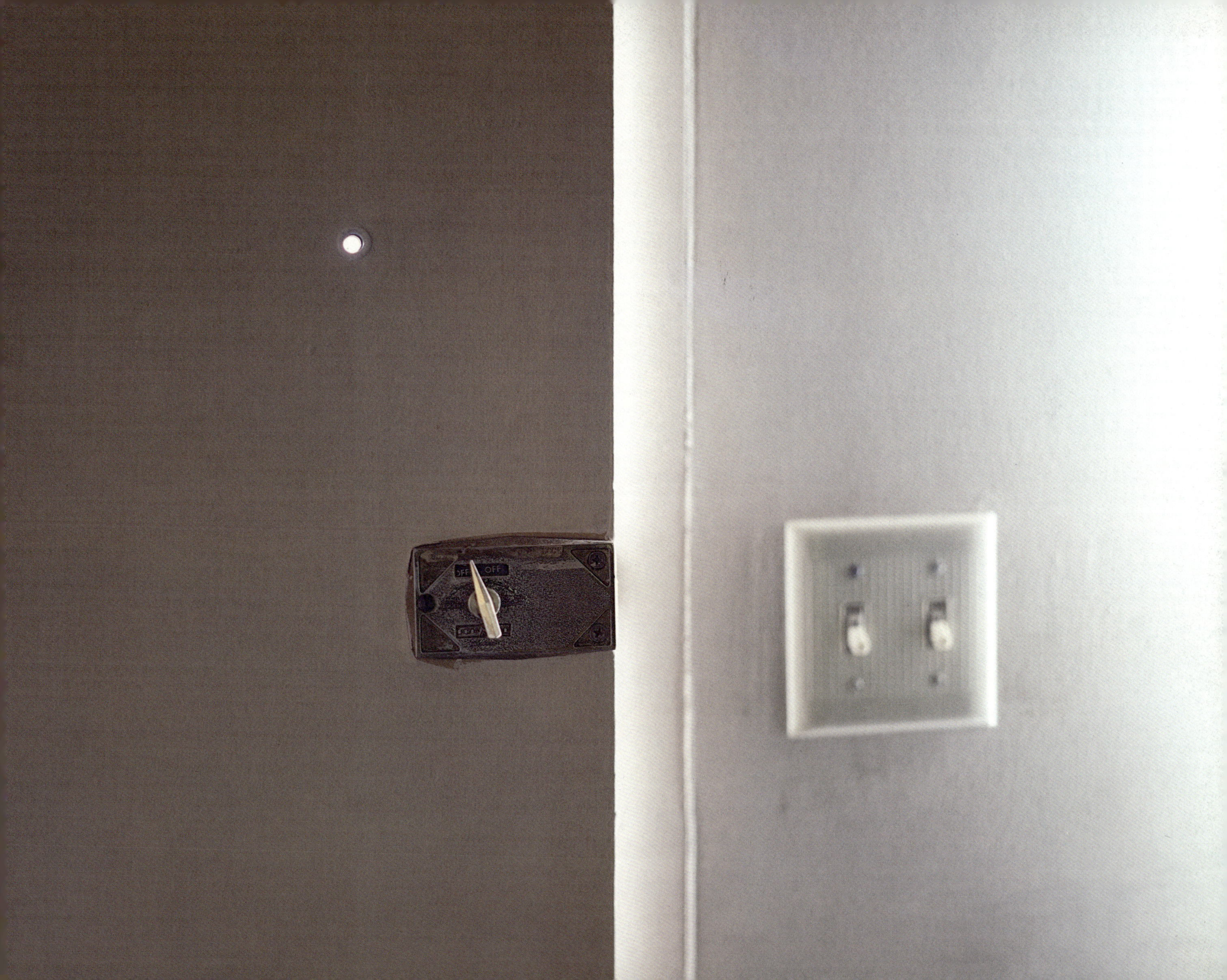

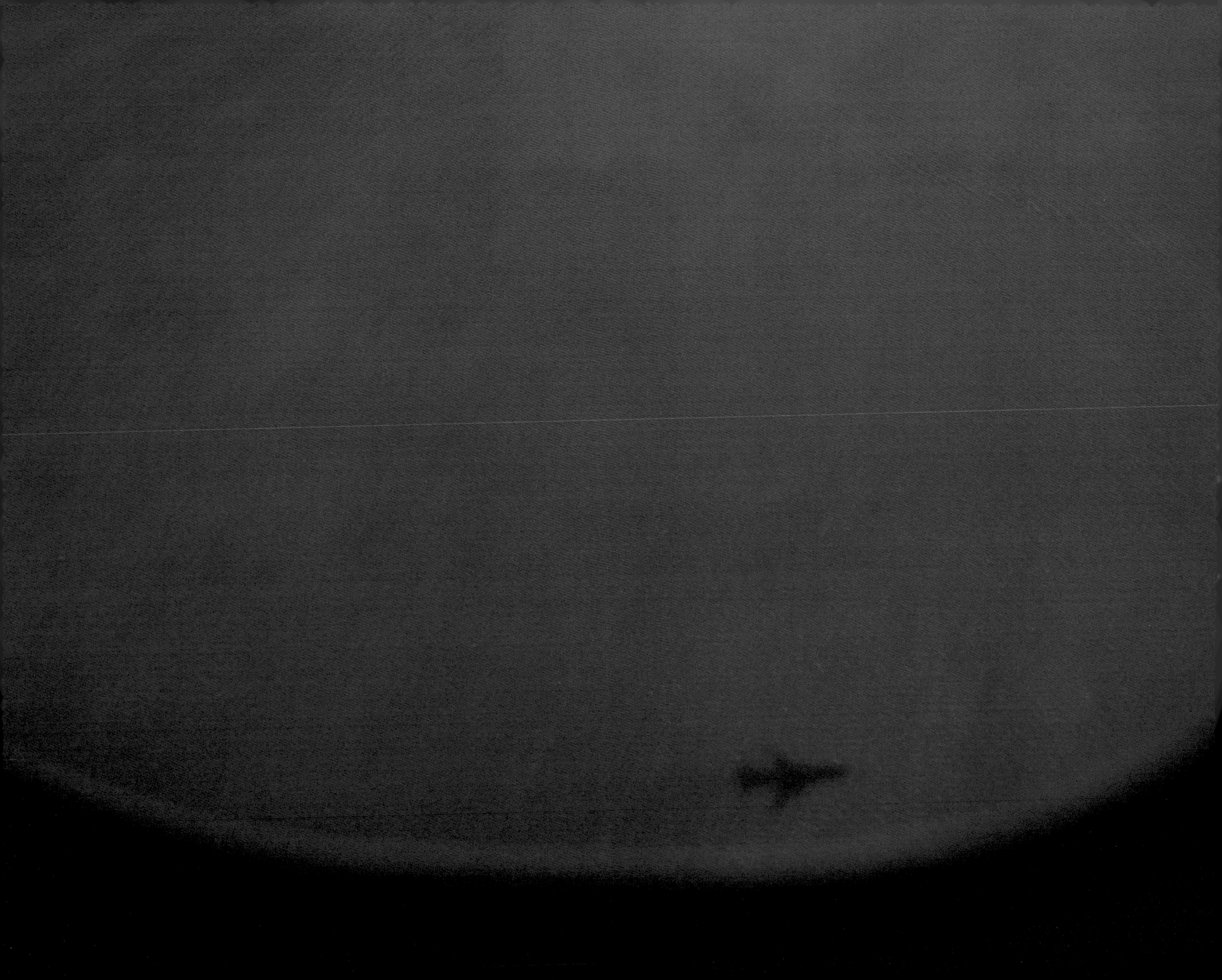

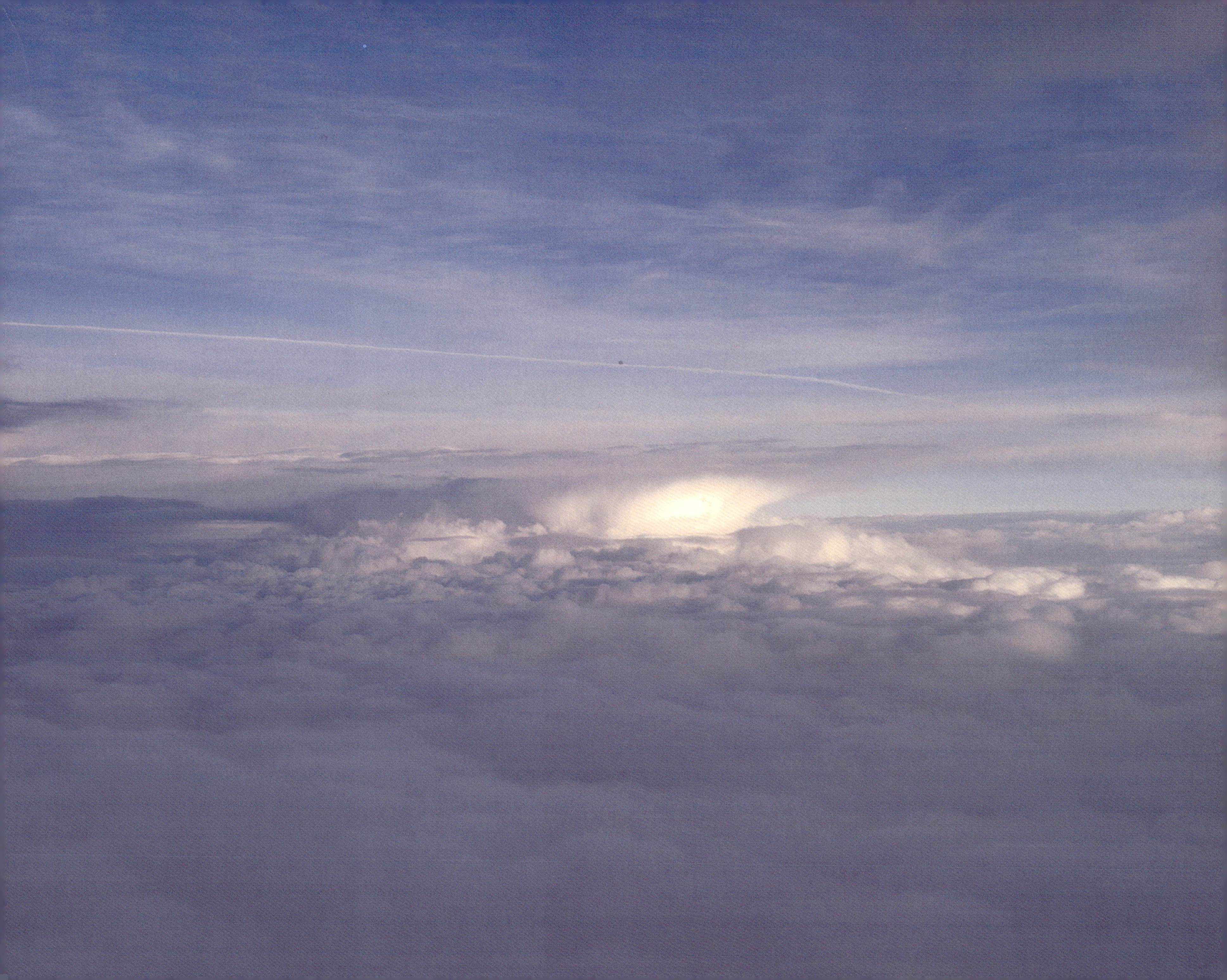

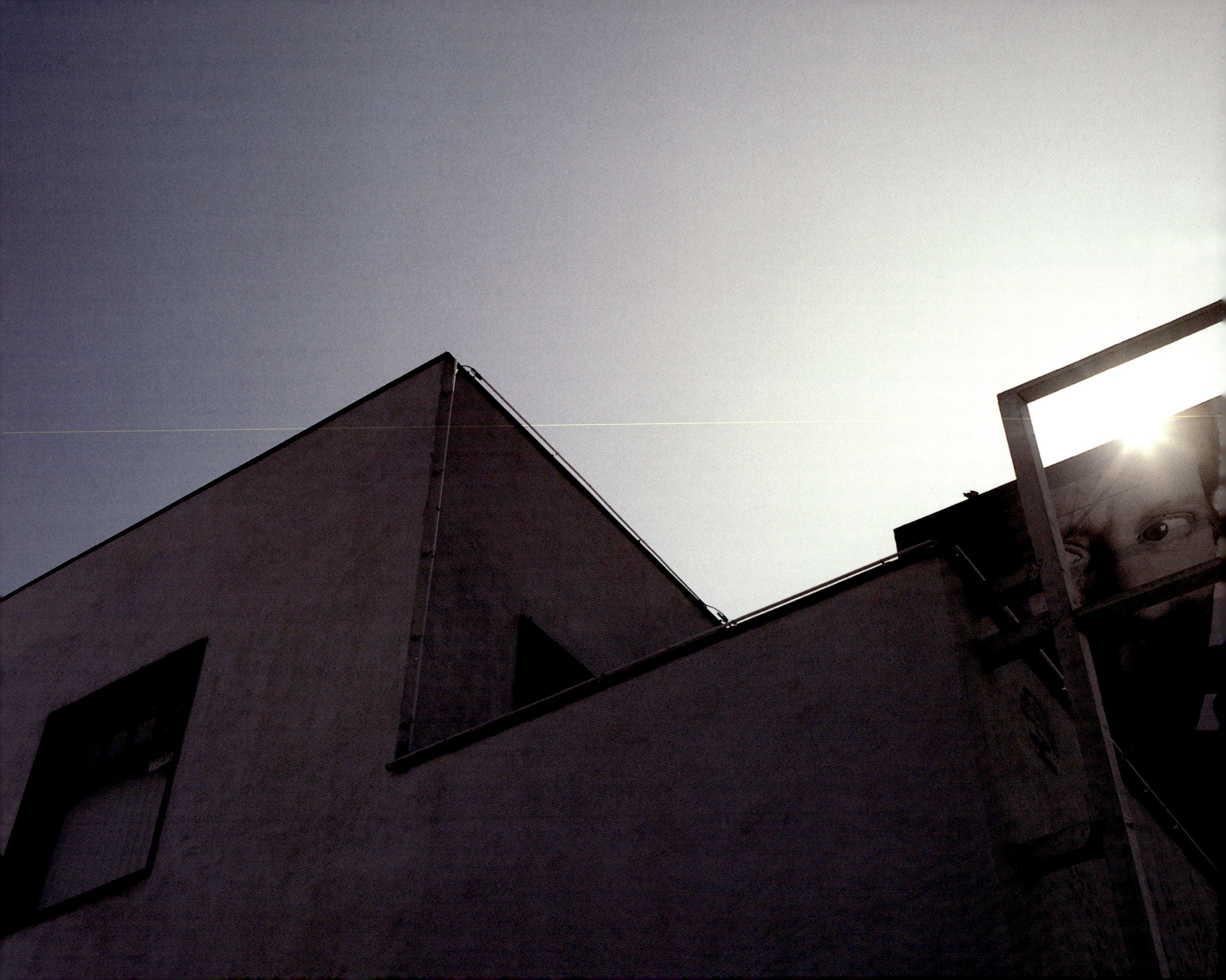

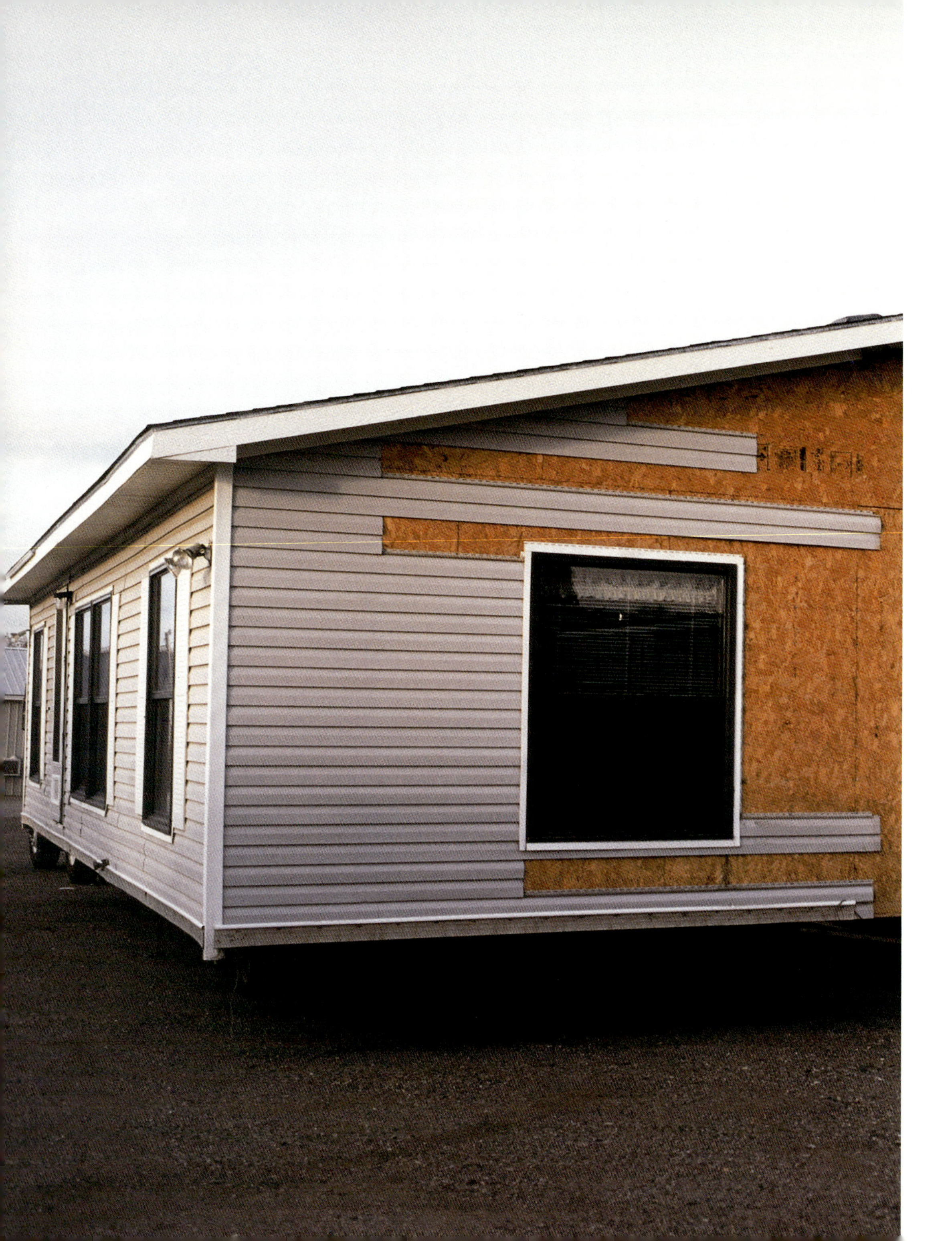

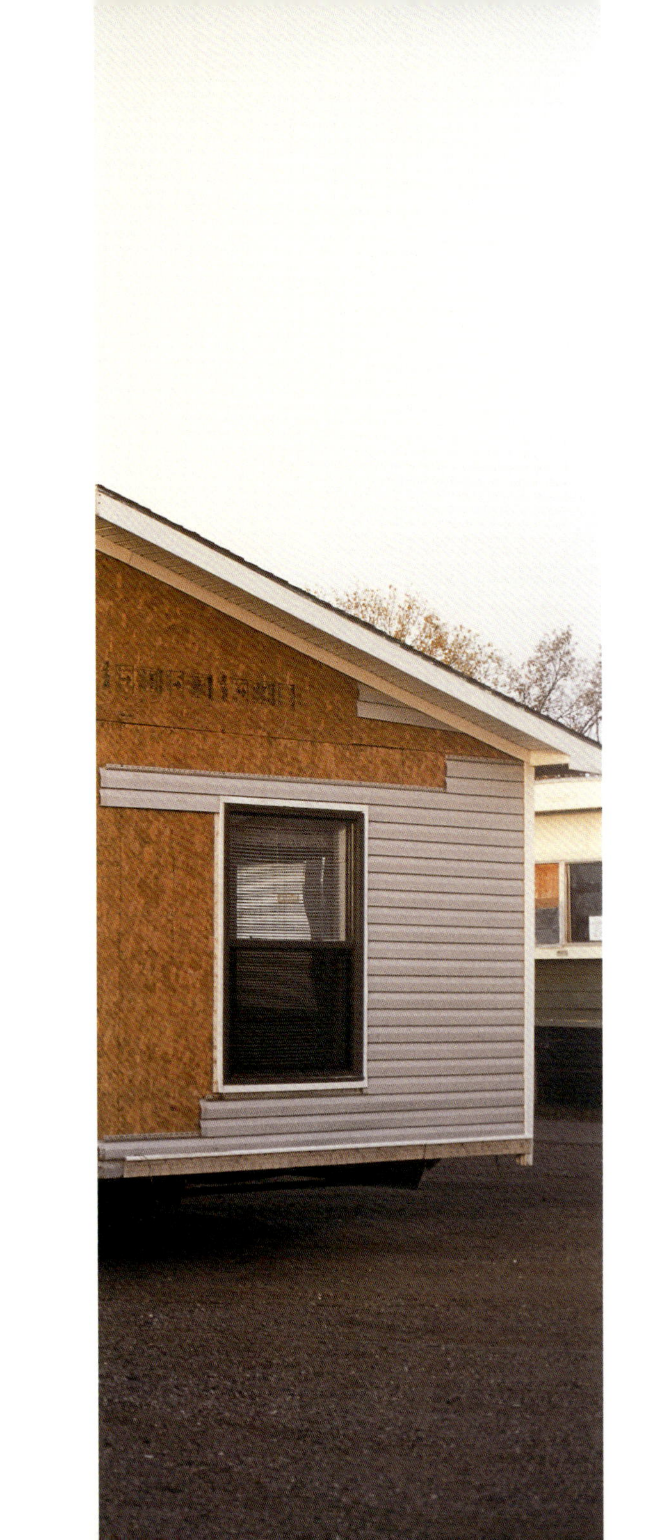

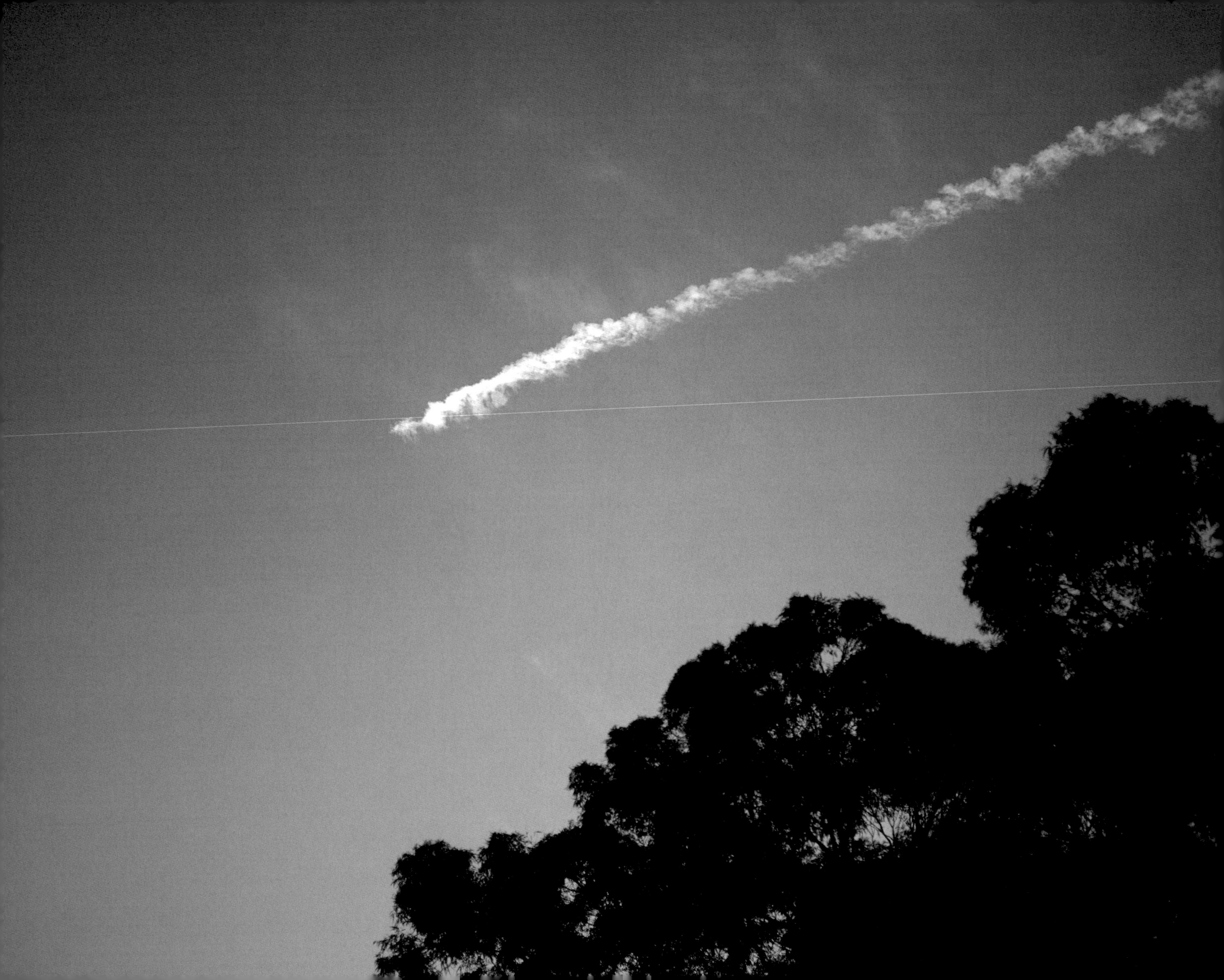

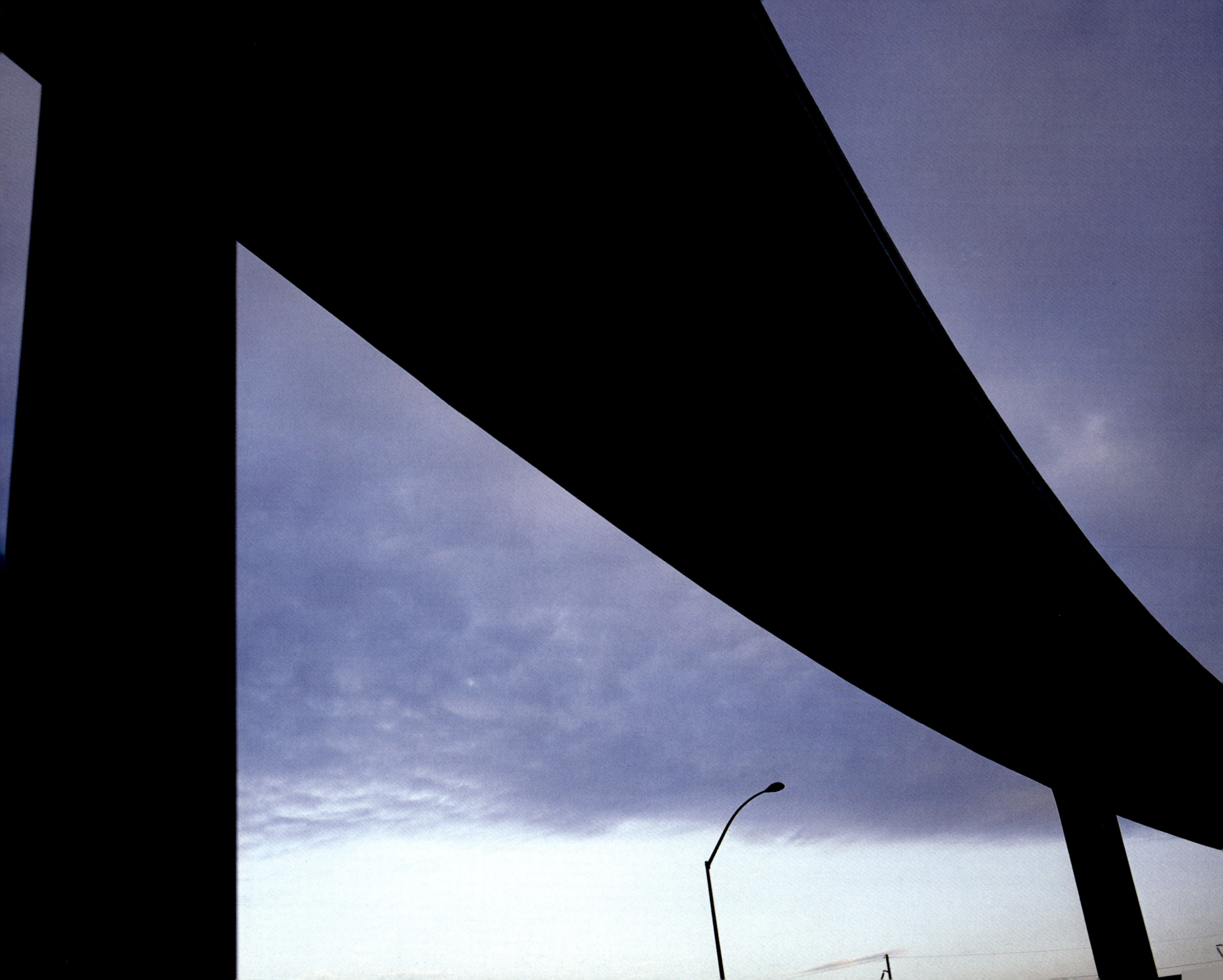

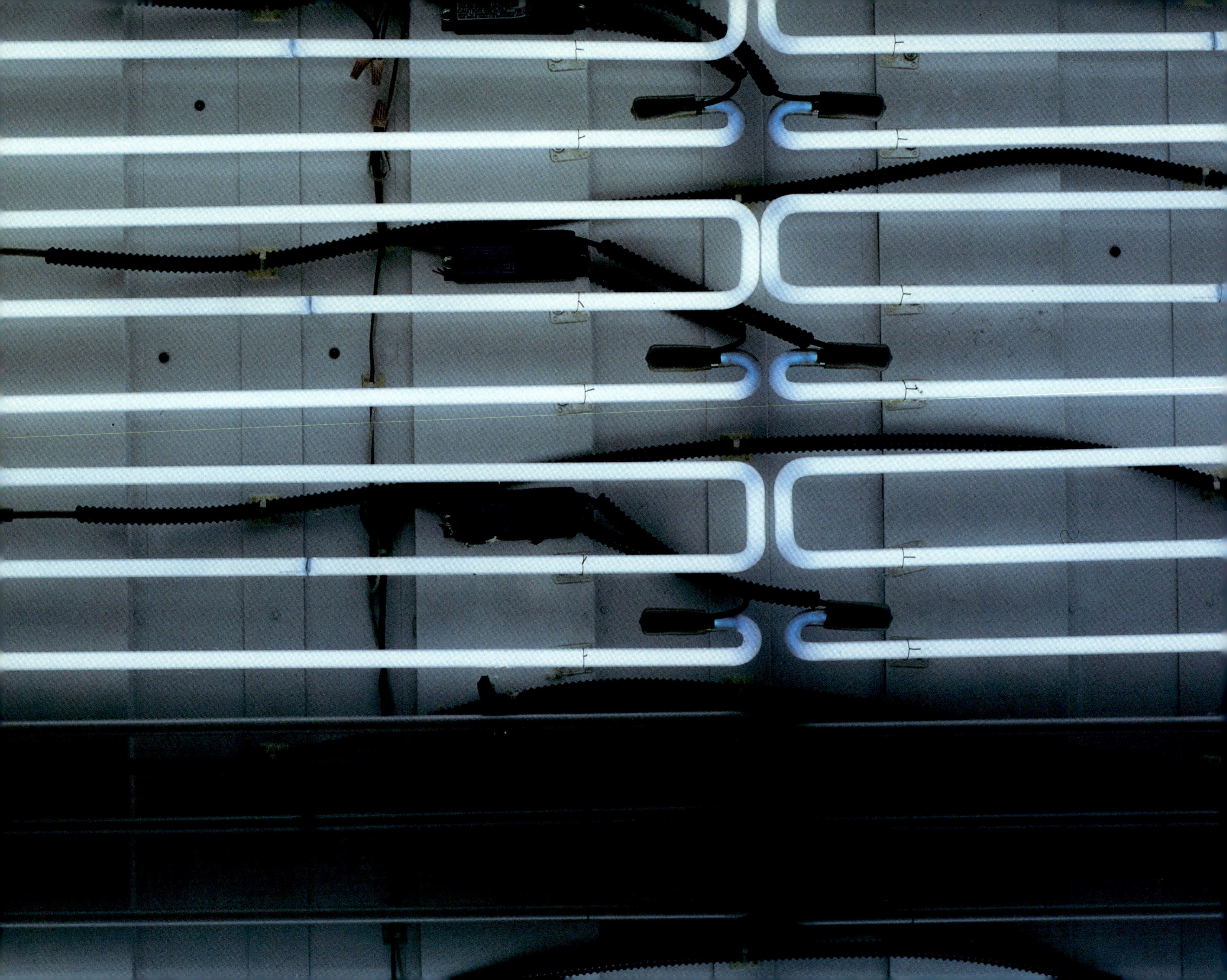

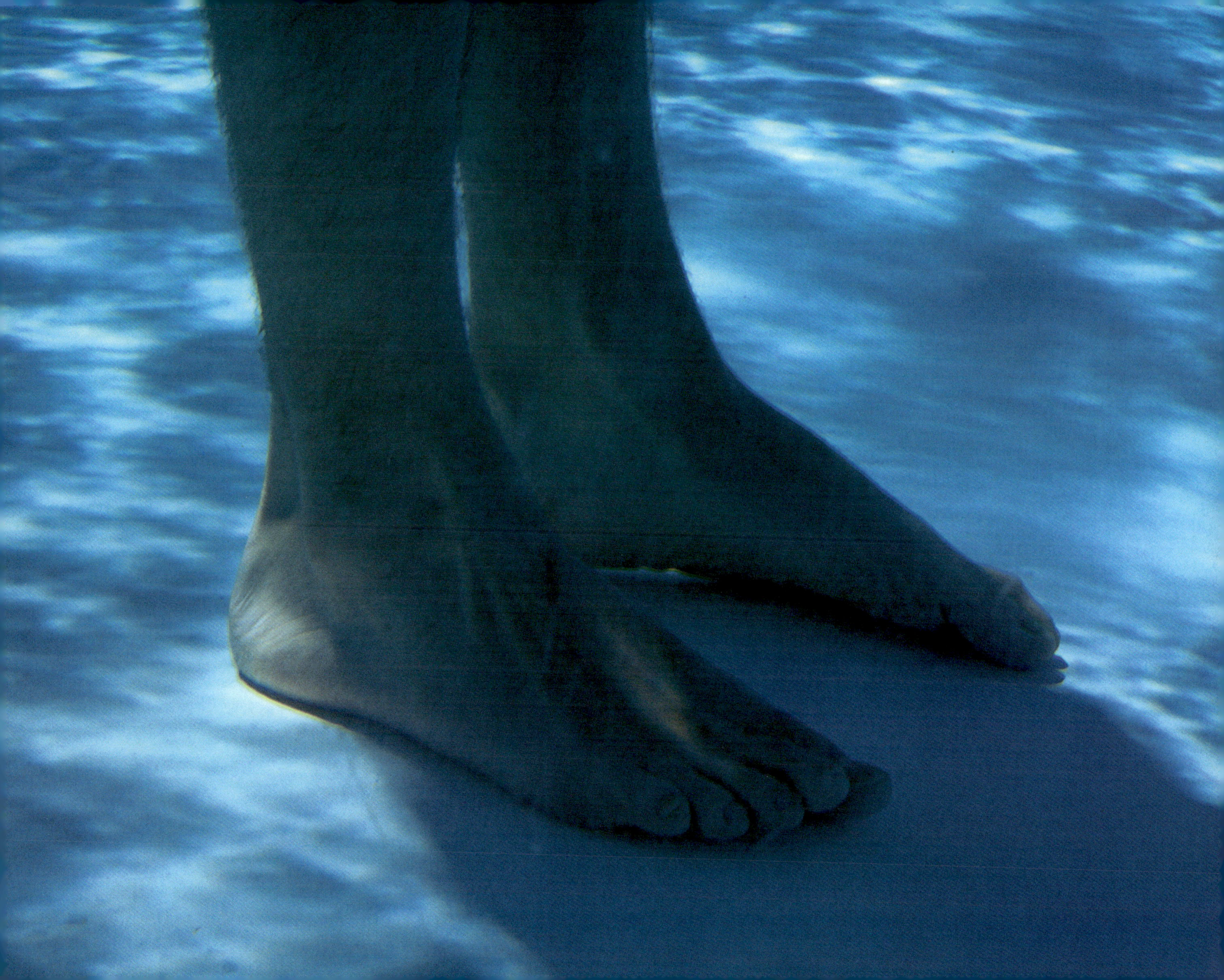

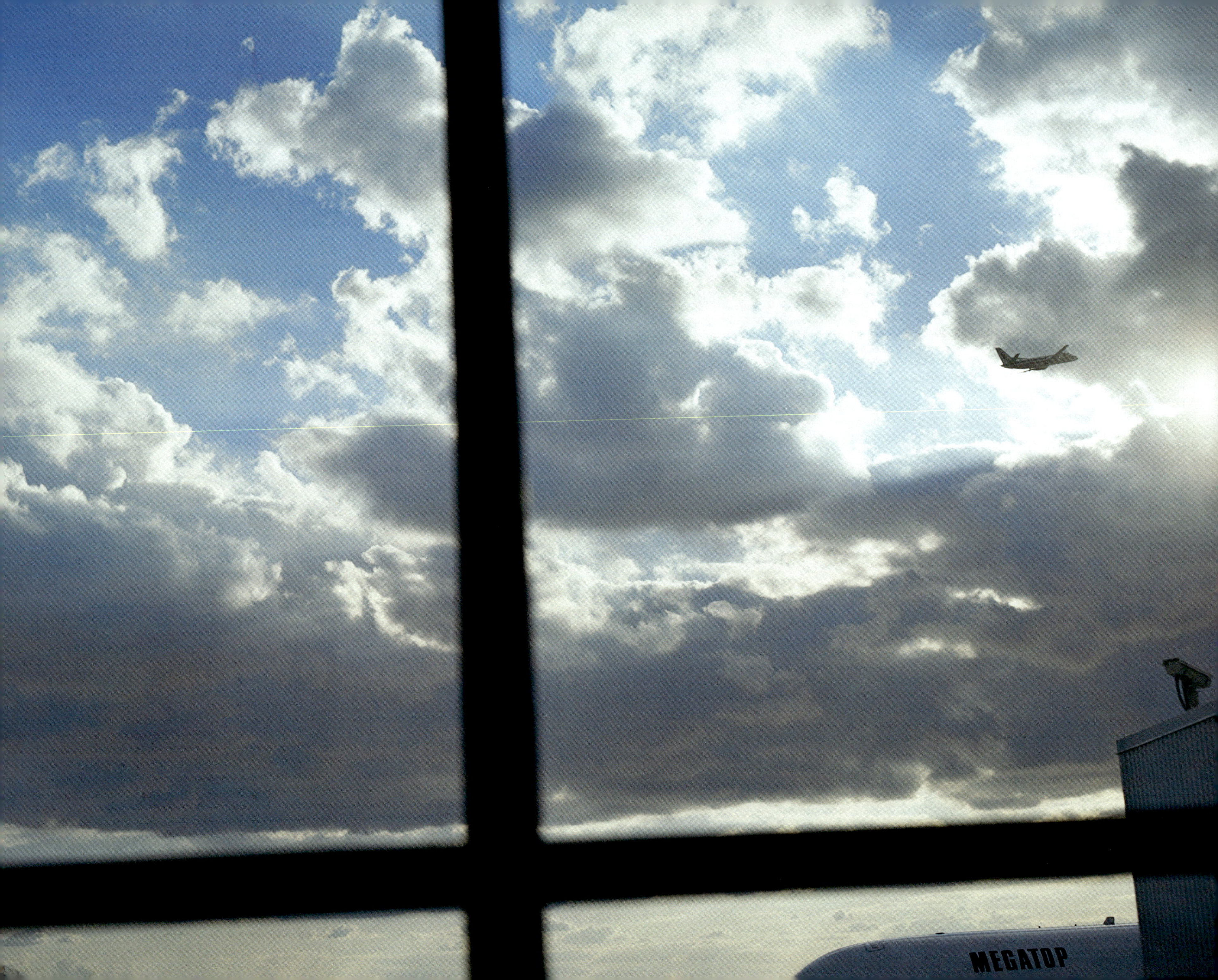
MEGATOP

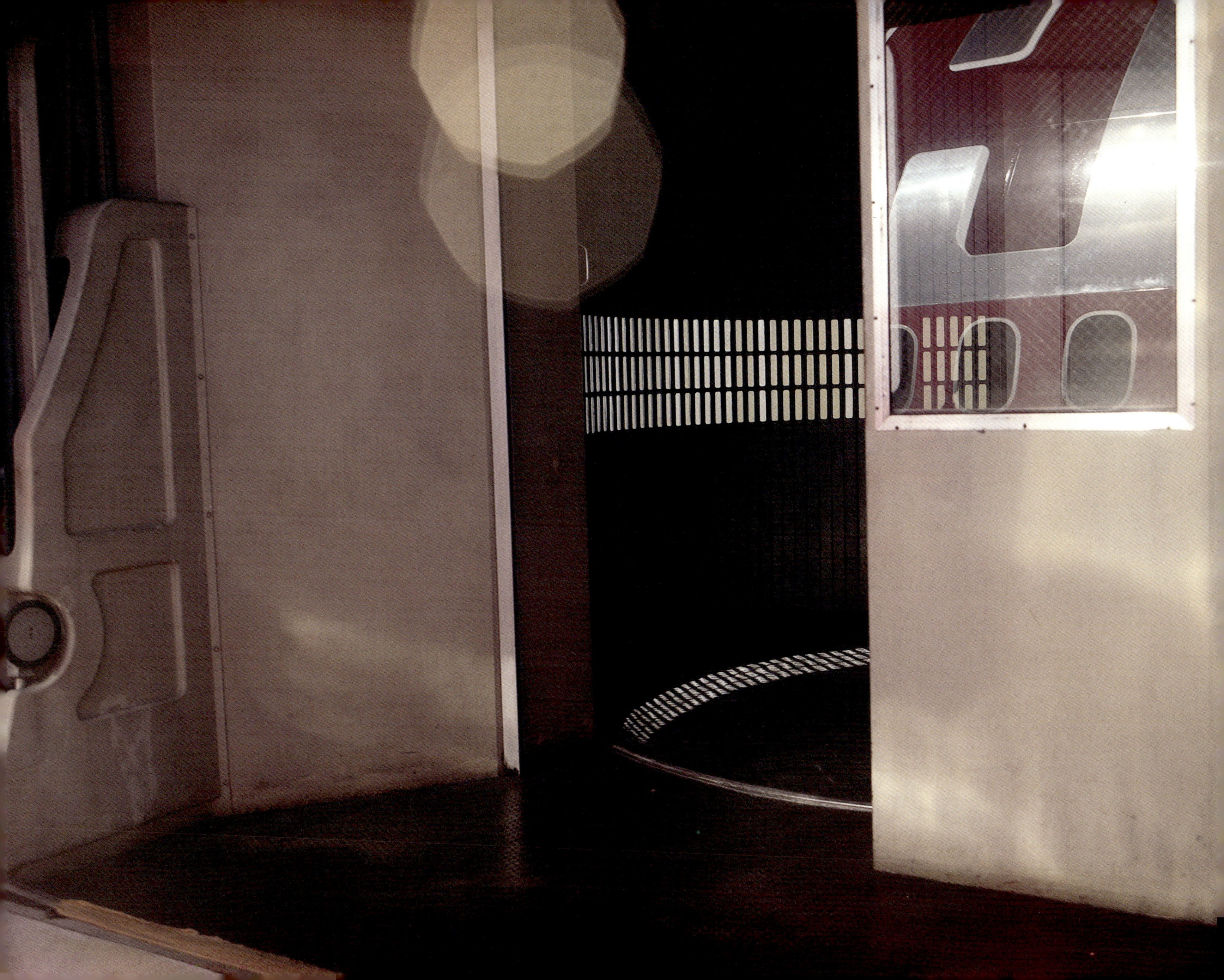

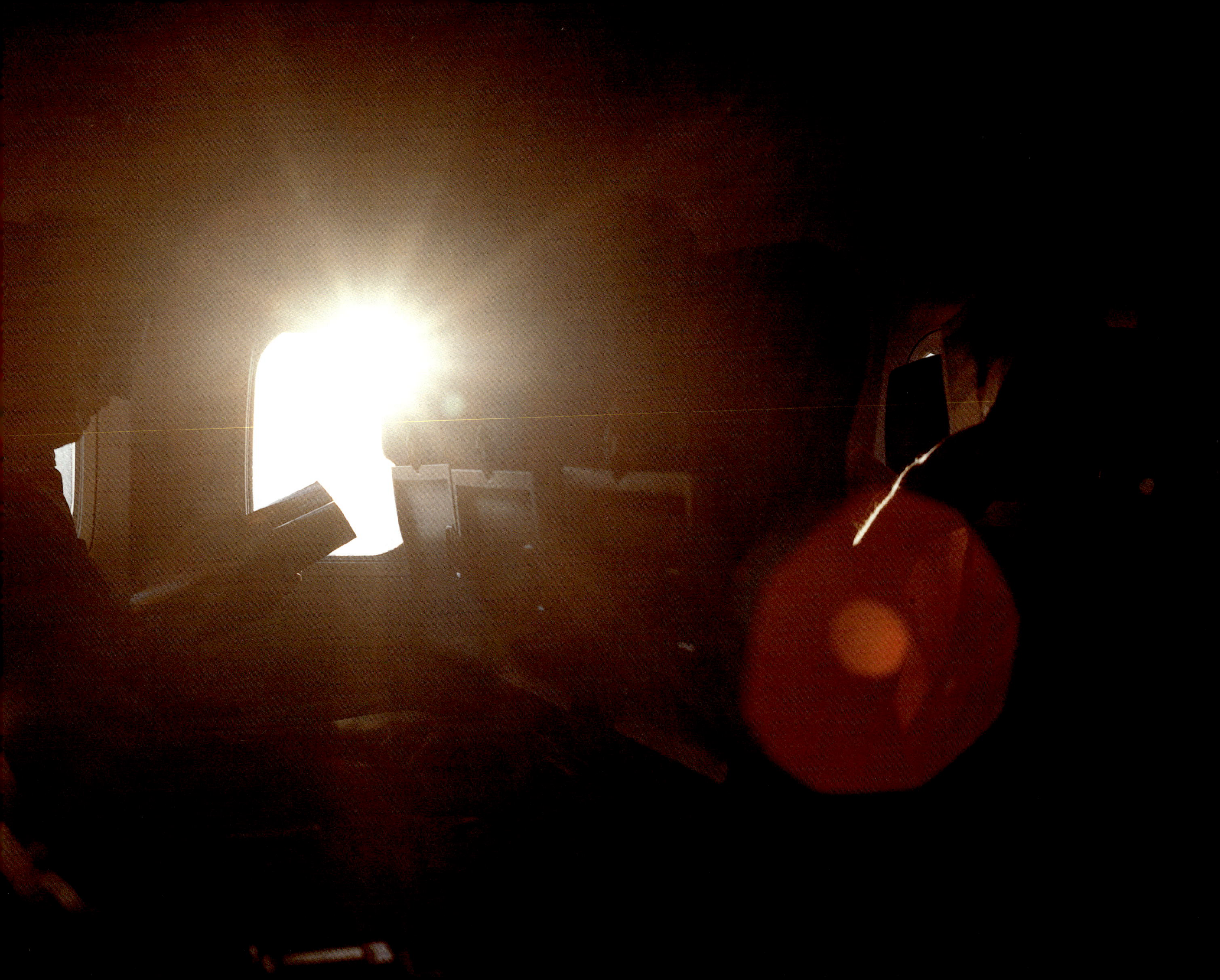

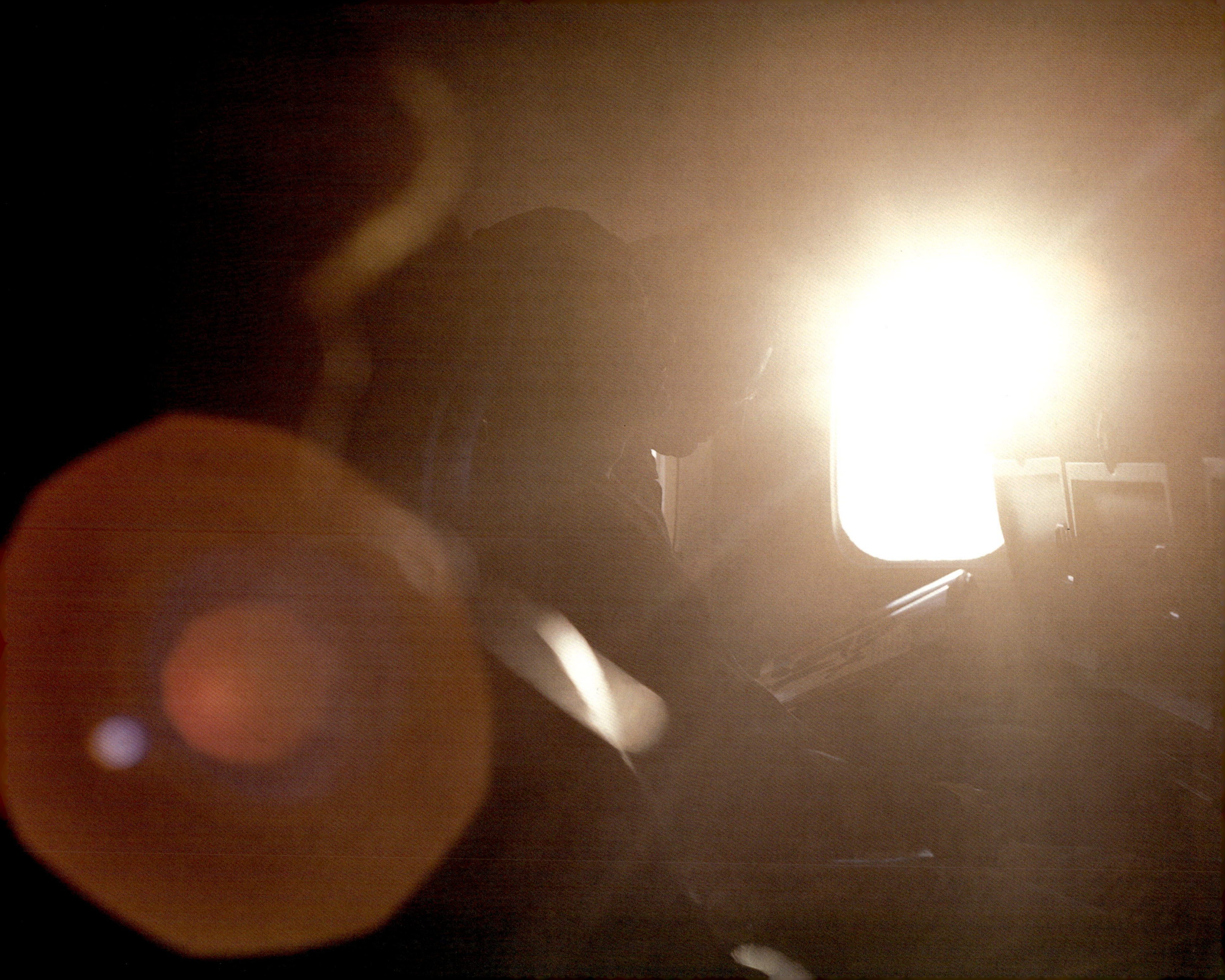

in this setting we see a house factory. as long
as four football fields, the factory is one single
structure. inside is an assembly line where raw
elements, lumber, steel, electrical and sheetrock
are brought together to create an entire house.
the process is precise, up to fifteen houses can
be constructed a day. they are manufactured
with a steel chassis and wheels, so they can be
rolled out of the factory on their own and be
easily transported to their new destinations.
the houses leave the factory late at night or in
the early morning hours. they can be seen on
the highways moving at a consistent speed
toward predetermined destinations. they are
often surrounded by flashing lights.

**Sehen nach allen Seiten**

Der Hauptzweck des Sehens bestünde nach George Berkeley darin, Wohltuendes
oder Verletzendes vorauszusehen, also die Begegnung des eigenen Körpers mit
anderen Körpern schon aus der Distanz vorwegzunehmen, und er beschrieb
damit eine der wesentlichen Grundfunktionen der Wahrnehmung (A Treatise
Concerning the Principles of Human Knowledge, 1710).

Wenn im Kunstkontext Perzeption leicht auf das Sehen und Hören ästhetischen
Materials reduziert wird, ist sie doch biologisch betrachtet ein überlebens-
notwendiger Schutzmechanismus, der uns hilft in der Welt zurecht zukommen.
Ich erinnere mich noch an meinen ersten Schulweg. Zunächst von der Mutter
begleitet und durch die übliche Konversation abgelenkt, war der erste Gang
alleine doch von einer gewissen Unsicherheit geprägt. Zu viele neue Eindrücke
erschienen gleichzeitig. Die Häuser, an denen es allerlei zu entdecken gab,
Straßenverläufe, Geschäfte, Verkehr und Gesichter, die man bestimmt vorher
noch nie gesehen hatte. Und jede dieser Neuerungen löste sofort eine Kaskade
der Phantasie aus, die als Sekundenfilme im Kopfkino vorbeizogen. Vergleiche
wurden gezogen, Erinnerungen wurden bemüht.
Nach ein paar Wochen war dieses Abenteuer zu Ende. Mit der Routine wurde
das Unbekannte vertraut, waren die letzten Abkürzungen erschlossen und ein
inneres Zeitgefühl hatte die einzelnen Passagen des Weges strukturiert. Die
Beine lenkten mich selbstständig zum Ziel und ich hatte Zeit, über nicht-
gemachte Hausaufgaben oder andere wichtige Dinge nachzudenken.

Die Wahrnehmungsforschung beschreibt diesen Vorgang der Orientierung auch
als ein Einscannen von Umweltmerkmalen im Millisekunden-Takt. Diese Scans
mit ihren immensen Datenmengen werden zu kognitiven Landkarten verarbeitet,
die uns fortan als Prüfmatrix begleiten. Unsere Fähigkeit, Orte und Plätze zu ler-
nen, setzt voraus, dass unsere Umwelt als Beständigkeit auftritt, als raum-
zeitliches Kontinuum und wir daher nur den Grad der Abweichung, der Differenz
registrieren müssen. Diesem theoretischen, ökologischem Ansatz der visuellen
Wahrnehmung liegt die Überzeugung J.J. Gibsons zu Grunde, dass jedes
Lebewesen wahrnimmt, um seine natürliche Umwelt, die Lebenswelt seiner
ökologischen Nische handelnd bewältigen zu können und da beides wechsel-
seitig aufeinander bezogen und nicht unabhängig voneinander ist, muss die
Information über die visuelle Wahrnehmung der Umwelt, ihre Substanzen,
Objekte Ereignisse und deren Bedeutungen in ihr direkt enthalten sein. (The
Ecological Approach to Visual Perception, 1979)

Was aber, wenn wir unsere Umwelt nicht direkt, sondern auf der Filmleinwand
oder dem Fernsehschirm vermittelt sehen? Das raum-zeitliche Kontinuum ist
außer Kraft gesetzt oder wie Konrad Fiedler treffend feststellte, dass Filmbilder
eine materielle Welt zeigen, die an der Stelle wo man hinschaut gar nicht
vorhanden ist. Die Wirklichkeit findet ganz woanders statt. Und obwohl diese
Wirklichkeit mit den technischen Möglichkeiten des Schnittes, des Ausschnittes
der Vergrößerung, der Überblendung, Verlangsamung oder Beschleunigung und
Montage im Film dekonstruiert ist, fiel es den Betrachtern vor fast hundert
Jahren leichter, diese abgekürzte Filmrealität zu begreifen als etwa die Bilder

der Kubisten und Futuristen, obwohl auch diese auf ihren Leinwänden nichts anderes darzustellen versuchten als eine Vergleichzeitigung mehrerer Realitätsebenen und Zeitabläufe.

Berkeleys Hinweis auf die Fähigkeit der Vorausschau als Ziel der Wahrnehmung ist auch bei der Rezeption des Films von entscheidender Bedeutung. Der Betrachter kann die geschrumpfte Filmrealität dennoch dekodieren (heute würde man sagen ihr Kompressionsformat interpolieren), weil er sie mit den gespeicherten Daten seiner Umwelterinnerung, den kognitiven Landkarten auf seiner Festplatte abgleicht und in eine realitätsadäquate Form hochrechnet.

Die Untersuchungen zur Filmrezeption zeigen aus dem Blickpunkt der Wahrnehmungsforschung zweierlei. Erstens, dass der optische Ruhezustand ein Ausnahmezustand der optischen Bewegung ist, der schweifende Blick weit mehr unserer Alltagspraxis entspricht als der ruhende, fixierende Blick. Dementsprechend sollte man das bewegte Bild als Grundform der bildlichen Darstellung behandeln und Malerei und Fotografie als Sonderfall. Der Filmemacher steht dem Leben näher als der Fotograf oder der Maler. Zweitens konnte man feststellen, dass sich der menschliche Sehmechanismus mit dem Aufkommen neuer Geschwindigkeiten, sei es in der eigenen Bewegung mit dem Auto oder dem Flugzeug oder in den Tempi der Filme entwickelt und angepasst hat, um Änderungen und Transformationen zu erfassen.

Mit der flächendeckenden Ausbreitung des Fernsehens in den 60er Jahren hat sich die Grammatik des Films/Fernsehens zu einer Metaebene der Wahrnehmung neben der authentischen Welt entwickelt. Die technischen, dramaturgischen und inhaltlichen Muster dieses Mediums sind zu einer allgemein vertrauten Umweltwahrnehmung geworden. Damit kann es selbst wieder als allgemein verständliches Bezugssystem, als Quelle und Ressource für neue visuelle Produktionen in der Kunst, im Film oder in der Werbung benutzt werden. Das neue Medium hatte so also historisch betrachtet sehr schnell seine Referenzqualitäten, eine inhaltliche und formale Zitierfähigkeit erlangt.
Andy Warhol mit *Empire, 1964,* oder „Closed-Circle" Installationen von Les Livine mit *Iris, 1968,* Bruce Nauman mit *Video Corridor for San Francisco (Come Piece), 1969,* oder Dan Grahams *TV Camera/Monitor Performance, 1970,* haben sich in ihren Arbeiten mit der partiellen Umkehrung dieser Filmrealitäten beschäftigt. Bei Warhol durch die „Entschleunigung auf Realzeit" indem er das Hochhaus ohne Schnitt mit nur einer Kameraeinstellung 8 Stunden lang filmte und bei Levine, Nauman und Graham durch die Abbildung der Echtzeit, in dem sie das Kamerabild ohne Verzögerung, also live und vor Ort, auf den Monitor brachten.

Die Beschleunigung der visuellen Welt seit dem Aufkommen des Films und fast zeitgleich auch der motorisierten Fortbewegungsmittel vor knapp über hundert Jahren hat so zu bis dahin nicht gekannten Akkomodationsleistungen des perzeptiven Apparates geführt. Wir können gleichzeitig mehr und schneller sehen als früher. Lag die durchschnittliche Schnittfrequenz bei Filmen oder im Fernsehen in den 80er Jahren noch bei 6 bis 8 Sekunden sind es heute teilweise weniger als zwei Sekunden. Sergei Eisensteins These (The Film Sense,1942), dass gerade der Filmschnitt mehr sei als die Summe seiner dokumentarischen

Teile und der eigentliche schöpferische Akt des Filmkünstlers sei, belegt Nam
June Paik in seinen Multi-Monitor-Installationen. Die im Sekundentakt geschnit-
tenen Bildstaccati zerfließen zu gigantischen visuellen Pattern, die man
zunächst in ihrer äußeren Form als Skulptur oder Bildteppich wahrnimmt.

Das Lamento über die Bilderflut entpuppte sich zu allen Zeiten als ein evolu-
tionäres Defizit der Generationen, deren visuelle Sozialisation vor der jeweilig
neuen Bildverbreitungspraxis stattfand. Was mit Paiks Videoinstallationen zuerst
eine kleine Gruppe von Kunstfreunden entdecken und erlernen konnte und mit
ihnen im alltäglichen Leben vielleicht die Mitarbeiter in Kontrollzentren, deren
Aufgabe in der gleichzeitigen Beobachtung mehrerer Überwachungsmonitore
bestand, ist spätestens seit Einführung des Musikkanals MTV zur visuellen
Erziehungsinstanz geworden. Als massenkompatible Sehschule der Nationen
offeriert dieses Programm seine Lektionen weltweit rund um die Uhr,
demokratisch und ohne Klassenschranken.

Lässt man alle inhaltlichen Aspekte, Moralbotschaften, Werte- oder Bildungs-
vermittlung beiseite, erfüllt das Fernsehen, ohne Rücksicht auf Staats- oder
Ideologiegrenzen zu nehmen, eine wesentliche Funktion in der Ausbildung
perzeptiver Fähigkeiten, vergleichbar mit der Funktion des Gameboys, der als
taktile Vorschulerziehung den Umgang mit Fernbedienungen oder SMS-Handys
vorbereitet. Die Navigation durch immer größere Daten- und nicht nur
Bilderberge erfordert neben der Wahrnehmungsfähigkeit auch eine ausgeprägte
Wahrnehmungssicherheit. Nach Julien Hochberg (Art, Perception and Reality,
1972) erfordert visuelle Wahrnehmung ein geübtes, folgerichtiges und ziel-
gerichtetes Verhalten.

Fernsehgeräte der neuesten Generation zeigen bereits neben dem großen Bild
mehrere kleine, einkopierte Bilder, auf denen der Betrachter die Programme
anderer Kanäle parallel verfolgen kann, so wie der Computerarbeitsplatz mit
dem Windowsprinzip das Hantieren an mehreren „Datenbaustellen" ermöglicht.
Was hier wie die logisch technische Konsequenz aus der steigenden Anzahl von
Programmen erscheint, die einzeln nicht mehr memorierbar sind und mit diesem
neuartigen Präferenzfilter handhabbar gemacht werden, setzt bereits voraus,
dass wir mehrere Parallelfilme überhaupt wahrnehmen und verfolgen können
(Einübung) und es setzt voraus, dass wir unsere Auswahl einschränken können
(Zielgerichtetheit).

Seit Beginn der Filmzeit hat der Betrachter gelernt, seinen Wahrnehmungs-
apprat für die Aufnahme schnellerer Bildwechsel, raum-zeitlich komprimierter
und asynchroner Erzählstrukturen und das gleichzeitige Rezipieren mehrerer
Bildebenen up-zu-daten. Geblieben ist jedoch sowohl im Kino wie vor dem
Fernsehgerät oder dem Computerbildschirm ein mehr oder weniger linear immo-
biles Verhältnis des Betrachters zum Schirm.

Seit Ende der neunziger Jahre operiert eine neue Künstlergeneration mit immer
komplexeren Bildräumen und multiplen Projektionsebenen, die der Betrachter
nur noch erfassen kann, wenn er sich in ihnen bewegt, umhergeht und den Blick
schweifen lässt - wie auf einem Erkundungsgang auf fremden Terrain.

Mit solchen Erfahrungen, zuweilen spontanen Momenten der Desorientierung,
ist man in Doug Aitkens Arbeiten wie *Electric Earth, 1999* oder *I AM IN YOU,
2000* konfrontiert. Über eine neutrale, dunkle Lichtschleuse verlässt man das
Tageslicht zur Augengewöhnung an Dunkelheit, um sich danach mehreren groß-
formatigen Videoscreens gegenüber zu sehen. Jede Stelle des Raumes scheint
Bild zu sein. Doch anders als in den Bilderanordnungen der prächtigsten
Renaissancekirchen bewegen sich diese Bilder und sind mit Sound unterlegt.
Der Betrachter muss sich zunächst einen Überblick verschaffen. Einfach nur
stehen bleiben und eine Leinwand nach der anderen zu betrachten, führt zu
einem nur fragmentarischen Ergebnis. Anfang und Ende und zeitliche Dauer der
Projektionen bleiben aufs erste unklar. Das Auge gewöhnt sich an die Dunkel-
heit, doch ohne den gesamten Raum abzuschreiten, vermittelt sich seine
Dimension nicht. Es scheint kein Vorne und Hinten zu geben. Eine definierte
Betrachterposition, wie im Kino oder vor dem Fernsehschirm drängt sich nicht
auf.

Im Vergleich mit anderen Videoräumen werden die komplexen Anforderungen an
das visuelle System des Betrachters deutlich. In Bruce Naumans *World Peace
(Projected), 1996* zum Beispiel sieht man sich fünf unterschiedlichen Filmen
gegenüber. Und obwohl die einzelnen Filme innerhalb der Installation gele-
gentlich ihre Plätze tauschen, bleibt diese Pentaform monolinear.
Bei Douglas Gordons wahrnehmungstechnischer Versuchsanordnung *Through a
looking glass, 1999,* mit einer filmgeschichtlich kanonisierten Sequenz aus
Scorseses *Taxi Driver*, sieht man sich mit einem akustischen und visuellen Echo
konfrontiert. Zwei identische Vis-à-vis Projektionen, einmal seitenverkehrt und
zeitlich knapp versetzt, erzeugen eine zeitmodulierte Stereoskopie.

Aitkens angesprochene Videoinstallationen gleichen dagegen mehr einem
visuell- akustischen Surround. Einzelne Einstellungen erscheinen gleichzeitig
oder im Wechsel auf mehreren Screens. Mit transparenten Projektionsflächen
wird die Anzahl der Bildfelder erhöht. Erst nach einiger Zeit kann man die poly-
forme Struktur erkennen. Ähnlich einem kubistischen Bild, bekommt man
mehrere Ansichten oder Ausschnitte des Szenarios gleichzeitig dargeboten.
Oder eine Sequenz erscheint auf allen Schirmen simultan. Auch wenn man seine
Aufmerksamkeit nur einem einzelnen Bild zuwendet, schwingen an den
Blickrändern Ergänzungsbilder wie die Oberstimmen einer Kantate mit. Mit der
Bewegung im Raum ändern sich Betrachterstandpunkt und Blickvarianten, ohne
dass der wahrnehmbare Erzählfluss unterbrochen wird. Man versäumt nichts.
Mit längerer Betrachtungszeit kann man sich sogar die Bilder in seinem Rücken
merken und „sieht" sie mit.
Ähnlich dem Hypertextformat, multilinearen Netzen, in denen Informationen
durch vielfältige Links verbunden und daher auf unterschiedliche Weise
erschlossen werden können oder dem Modell von n-tiplen Räumen in der
Mathematik, erzeugt Aitken hier eine dynamische Topologie zur Bildrezeption.
Seine elektronischen Bildräume umschließen einen vollständig und simulieren
ein gleichzeitiges Sehen nach allen Seiten.

**Veit Görner**

## Seeing in All Directions

According to George Berkeley, the principal function of the sense of sight is to
enable us to predict, at a distance, encounters (beneficial or otherwise) between
our bodies and other objects; such was his definition of one of the essential
functions of all perception (*A Treatise Concerning the Principles of Human
Knowledge*, 1710). In the art context, perception is all too easily defined in narrow terms as the seeing and hearing of aesthetic material; biologically speaking,
however, it is a protective survival mechanism that helps us to make our way in
the world.

I still remember the walk to my first school. Initially my mother went with me,
and I was distracted by the usual conversations, so that when I came to make
my first independent journey to school this was attended with a degree of uncer-
tainty. Too many unfamiliar sense impressions assailed me all at once: bits of
street, shops, traffic and faces, all of which I knew I had never seen before. And
each of these new impressions unleashed a torrent of mental images on the
mind's cinema screen; comparisons were drawn, memories revived.

After a few weeks the adventure was over. Routine had made the unknown
familiar, all of the abbreviations were clear to me, and an inner sense of time
had imposed a structure on the individual segments of the walk. My legs took
me to my destination of their own accord, and I had time to reflect on undone
homework or other important matters.

Researchers into the psychology of perception describe this orientation process
in terms of the scanning of successive landmarks on a timescale measured in
milliseconds. These scans, with their immense volumes of data, are processed
into cognitive maps that subsequently remain with us as a matrix against which
to check our progress. Our ability to learn our way around places and spaces is
based on the assumption that our surroundings are a consistent reality, a space-
time continuum, and that all we need to do is to register a certain degree of
variation. This theoretical, ecological approach to visual perception is under-
pinned by J. J. Gibson's conviction that every living creature uses sensory perception as an aid to controlling its own environment, the context of its ecological
niche; since individual and environment are not discrete but interrelated, all the
information concerned in the visual perception of the environment – its sub-
stances, objects and events, and their significance – must be directly contained
within that environment itself. (*The Ecological Approach to Visual Perception*,
1979.)

But what if we see our environment not directly but mediated by a cinema or
television screen? This disables the space-time continuum. As Konrad Fiedler
aptly observed, cinematic images show a material world that does not exist in
the place where you are looking at it. Reality happens somewhere else altogeth-
er. In film, this reality is deconstructed through techniques of editing, framing,
enlargement, superimposition, slow-motion, time-lapse and montage; and yet,
even so, viewers nearly a hundred years ago found this abbreviated cinematic

reality easier to comprehend than, for instance, the paintings of the Cubists and
Futurists – although those artists aimed to show nothing more or less that the
'simultaneity' of multiple reality levels and time sequences.

Berkeley's view that predictive ability is the prime purpose of perception is cru-
cially relevant to our reception of film. The viewer decodes (or, as we might say
today, unpacks) the compressed reality of film by comparing it with the archived
data of his/her remembered surroundings – the cognitive maps on his/her hard
drive – and is thus enabled to restore it to a recognizable form.

Research into the reception of film has two things to tell us about the nature of
perception. Firstly, stasis is an exceptional state for the eye to be in; a roving
gaze is much closer to day-to-day experience than a static, concentrated gaze. It
follows that the moving image should be regarded as the basic form of iconic
representation, with painting and photography as special, exceptional cases. The
filmmaker is closer to life than the photographer or the painter. Secondly, in
response to the emergence of new kinds of speed – the observer's accelerated
motion by road or air, and the speed of movement reflected in film – the human
visual mechanism has evolved and adapted its response to change and transfor-
mation.

The universal spread of television in the 1960s turned the grammar of film/TV
into a meta-level of perception alongside that of the real, authentic world. The
medium supplied patterns of technique, dramaturgy and content that became
universally familiar as a perception of the world. As a result, television itself can
be used as a universally comprehensible reference system, a source and
resource for new visual products in art, in film and in advertising. Viewed histori-
cally, the new medium very soon acquired referential qualities; it became a
source for quotations of content and form alike.  Andy Warhol's *Empire* (1964)
and closed circuit installations such as Les Livine's *Iris* (1968) or Bruce
Nauman's *Video Corridor for San Francisco (Come Piece)* (1969) or Dan Graham's
*TV Camera / Monitor Performance* (1970) are about the partial reversal of these
cinematic realities. Warhol did this through a process of 'deceleration to real
time', filming the Empire State Building in a single eight-hour take; Levine,
Nauman and Graham worked by reproducing real time, putting the camera picture onto the monitor screen with no delay, i.e. live and onsite.

Our perceptual apparatus has adapted in unprecedented ways to the accelera-
tion of our visual world that has taken place since film and the internal combus-
tion engine first came on the scene, almost simultaneously, just over a hundred
years ago. We can now see more things at one time that we could before, and
we can see them faster. In the 1980s the average interval between edits in film
and television was still 6 or 8 seconds; in many cases it is now less than 2 seconds. Sergei Eisenstein's thesis (*The Film Sense*, 1942) that the edited film is
more than the sum of its documentary parts, and that editing is the true creative
act of the film artist, is confirmed by the multi-monitor installations of Nam June

Paik. Second-by-second staccato sequences blend into gigantic visual patterns, which at first sight we perceive, in their outward form, as sculptures or tapestries of images.

At every stage, older generations, unable to adjust because their own visual socialization predated the new image-dissemination systems, have complained of visual overload. The discoveries first made by the small group of art lovers who saw Paik's video installations – and also, in everyday life, perhaps by workers in control centres, whose job it was to keep an eye on several surveillance monitors at once – have since become a staple of our visual education, thanks to the music channel MTV. That network is an international school of seeing for the masses, offering its lessons worldwide, round the clock, democratically and with no class barriers.

Aside from all considerations of content, moral messages, value transfer and cultural information, television performs an essential function in the education of perceptual skills across political and ideological frontiers: a function comparable with that of the Gameboy, that tactile instrument of preschool education that prepares its user for the manipulation of remote controls and SMS mobiles. To navigate a path through ever-larger masses of data, not all of it pictorial, demands not just perceptual capacity but a marked degree of perceptual sure-footedness. According to Julien Hochberg (*Art, Perception and Reality*, 1972), visual perception depends on practised, logical, purposeful actions.

The latest generation of television receivers displays not only the big picture but also a number of smaller, superimposed pictures, on which the viewer can watch programmes on other channels, just as a computer workstation has windows in which the user can work with a number of "data sites" at the same time. This seems a logical response to the enormous proliferation of programme schedules, too many to memorize individually; this novel filtering device enables us to handle them, providing that we know not only how to perceive and follow a number of films in parallel (acquired skill) but also how to narrow down our choices (purposiveness).

Since the dawn of the age of film, the viewer has learned to update his perceptual apparatus to receive ever-faster image shifts, compressed space-time narrative structures, and simultaneous multiple levels of imagery. What has not changed, however, for the viewer in the cinema or in front of the television, or at the computer, is his/her more or less fixed linear relationship to the screen. Since the end of the 1990s, a new generation of artists has been operating with ever more complex pictorial spaces and multiple projection levels, which the viewer can apprehend only by moving within the space, walking around and allowing the gaze to wander, as if reconnoitring unfamiliar terrain.

It is experiences like this, together with occasional spontaneous moments of disorientation, that confront us in works by Doug Aitken such as *Electric Earth*

(1999) or *I AM IN YOU* (2000). You first enter a neutral, darkened chamber, to accustom your eyes to the darkness, before finding yourself in the presence of a number of large video screens. Every part of the space seems to be an image. Unlike the imagery of the great churches of the Renaissance, these images move, and they have a soundtrack. First you need to gain an overall view. Just standing still and looking at one screen after another yields only a fragmentary experience. The beginning, end and duration of the projections remain unclear. The eye accustoms itself to the darkness, but the dimensions of the space remain undefined unless you actually pace it out. Otherwise, there seems to be no in front and no behind. No predefined observation position, such as that in the cinema or in front of the television, imposes itself.

A comparison with other video spaces makes evident the complex demands that this pieces makes on the viewer's own visual system. In Bruce Nauman's *World Peace (Projected)* (1996), for example, the viewer is confronted with five different films; but, although individual films sometimes change places within the installation, the 'Pentaform' remains monolinear. In Douglas Gordon's perceptual experiment *Through a Looking Glass* (1999), which uses a canonical film sequence from Scorsese's *Taxi Driver*, you find yourself confronted with an acoustic and visual echo. Two identical face-to-face projections, one of which is laterally inverted and shown with a very slight delay, create a form of time-lapse stereoscopy.

By contrast, these video installations of Aitken's are closer to an ambient visual and acoustic experience. Individual shots appear simultaneously or alternately on different screens. Using transparent screens increases the number of image fields. The polymorphic structure takes some time to identify. As in a Cubist painting, you are offered a number of views and segments of the scenario simultaneously. At times, a single sequence appears on all the screens at once. Even if you concentrate on a single screen, complementary images are playing on the periphery, like the upper vocal parts in a cantata. When you move around the space, your position and angle of sight can vary without interrupting the perceptual flow of the narrative. You miss nothing. If you watch for long enough, you can even take in the images behind your back and 'see' them as part of the piece.

As with the hypertext format, whereby multilinear networks connect items of information with multiple links so that they can be accessed in a variety of ways, or as with the model of multiple ($n$-tiple) spaces in mathematics, Aitken here creates a dynamic topology of image reception. His electronic pictorial spaces totally surround the viewer and simulate the sensation of looking in all directions at once.

Veit Görner

**Werkliste/Checklist
Kunstmuseum Wolfsburg**

*electric earth*
1999
Videoinstallation (8 Laserdiscs) und architektonisches Enviroment
Dimensionen variabel
Sammlung Fondazione Sandretto Re Rebaudengo per l'Arte
Courtesy 303 Gallery, New York

*hysteria*
2001
Soundinstallation  und architektonisches Enviroment
Dimensionen variabel
Courtesy 303 Gallery, New York, Galerie Hauser & Wirth & Presenhuber, Zürich,
und Victoria Miro Gallery, London

*conspiracy*
1998
C-Print auf Plexiglas
101,6 x 101,6 cm
Sammlung HypoVereinsbank, München
Courtesy 303 Gallery, New York

*turbulence*
1999
Triptychon, C-Print auf Plexiglas
85,1 x 108,5 cm
Sammlung UBS AG
Courtesy 303 Gallery, New York

*collision x 4*
2000
C-Print auf Plexiglas
Ed. 4/6
137,3 cm x 121,9 cm
Privatsammlung Zürich
Courtesy Galerie Hauser & Wirth & Presenhuber, Zürich
und 303 Gallery, New York

*2 second separation*
2000
Diptychon, C-Print auf Plexiglas
151 cm x 122,5 cm
Courtesy 303 Gallery, New York

*the movement*
2000
C-Print auf Plexiglas
101,6 cm x 127 cm
Sammlung Goetz
Courtesy Galerie Hauser & Wirth & Presenhuber, Zürich
und 303 Gallery, New York

*rise*
2001
Leuchtkasten, Ektachrome auf Plexiglas
246 cm x 366 cm x 46 cm
Courtesy Galerie Hauser & Wirth & Presenhuber, Zürich,
303 Gallery, New York und Victoria Miro Gallery, London

*glass barrier*
2000
C-Print auf Plexiglas
122 cm x 157 cm
Courtesy 303 Gallery, New York

**Werkliste/Checklist
Kunst-Werke Berlin**

*i am in you*
2000
Videoinstallation (3 Laserdiscs, 5 Projektionen)
Dimensionen variabel
Courtesy Galerie Hauser & Wirth & Presenhuber, Zürich
und 303 Gallery, New York

*collision x 2*
2000
C-Print auf Plexiglas
Ed. 6/6
186 cm x 125,5 cm
Courtesy Galerie Hauser & Wirth & Presenhuber, Zürich
und 303 Gallery, New York

*collision x 4*
2000
C-Print Plexiglas
Ed. 6/6
137,3 cm x 121,9 cm
Sammlung Daimler Chrysler
Courtesy Galerie Hauser & Wirth & Presenhuber, Zürich

*the longest sleep*
2000
Diptychon, C-Prints auf Plexiglas
Ed. 5/6
linke Tafel: 114,3 x 86,4 cm, rechte Tafel: 113,7 x 61,6 cm
Courtesy Galerie Hauser & Wirth & Presenhuber, Zürich
und 303 Gallery, New York

Wir danken allen Leihgebern für ihre großzügige Unterstützung

Many thanks are due to the lenders for their generous support

**Impressum**

Dieser Katalog erscheint anlässlich der Ausstellung *Doug Aitken: Metallic Sleep* im Kunstmuseum Wolfsburg vom 17. Februar bis 18. Mai 2001 und in Kunst-Werke Berlin vom 17. Februar bis 8. April 2001.

This catalogue is published on the occasion of the exhibition Doug Aitken: Metallic Sleep at the Kunstmuseum Wolfsburg from February 17 to May 18. 2001 and at the Kunst-Werke Berlin from February 17 to April 8. 2001.

Ausstellung/Exhibition:
Konzeption/Concept: Veit Görner, Doug Aitken

Katalog/catalogue:
Konzeption/concept: Doug Aitken und Associates in Science, NY
Redaktion/Editing: Holger Broeker, Veit Görner
Gestaltung/Design: Doug Aitken and Associates in Science, NY

© 2001 Kunstmuseum Wolfsburg, Doug Aitken und die Autoren/Kunstmuseum Wolfsburg, Doug Aitken and the authors
Kunstmuseum Wolfsburg
Porschestraße 53
D-38440 Wolfsburg
Telefon: 05361-26690, Telefax: 05361-266920
e-mail: info@kunstmuseum-wolfsburg.de
Internet: www:kunstmuseum-wolfsburg.de

Gesamtherstellung/Production: Dr. Cantz'sche Druckerei, Ostfildern bei Stuttgart

Vertrieb/Distribution: Hatje Cantz Verlag, Senefelderstraße 12, D-73760 Ostfildern-Ruit
Telefon 07 11-4 40 50, Telefax 07 11-4 40 52 20
Internet: www.hatjecantz.de

ISBN: 3-7757-1060-4
Printed in Germany

**Mitarbeiter des KUNSTMUSEUM WOLFSBURG/Staff of the KUNSTMUSEUM WOLFSBURG**

**Direktor/Director: Gijs van Tuyl**
**Geschäftsführer/Managing Director: Henning Schaper**
**Leiter Kommunikation/Director of Communication: Thomas Köhler**
**Projektmanager/Project Manager: Manfred Müller**

**Kuratoren/Curators:**
**Holger Broeker (Sammlung/Collection)**
**Veit Görner (Ausstellungen/Exhibitions)**
**Annelie Lütgens (Ausstellungen/Exhibitions)**

**Leiterin Art Handling/Head of Art Handling: Simone Lücke**
**Restauratorin/Restorer: Christiane Altmann**
**Sekretärin Ausstellungen & Sammlung/Secretary Exhibitions & Collection: Carmen Müller**

**Presse- und Öffentlichkeitsarbeit/Press and Public Relations: Ilona Schnellecke**
**Visuelle Bildung/Educational Programs: Ute Lefarth**
**Sekretärin Visuelle Bildung/Secretary Education: Gudrun Kolleck**
**Sekretärin Presse/Telefon/Secretary Press: Dagny Pennewitz**
**Kasse und Information/Visitor's Services: June Randall-Spagnolo**

**Rechnungswesen/Accountancy: Claus Anger, Eva Marsch**
**Bibliothekarin/Librarian: Anja Westermann**
**Assistentin des Direktors/Assistant to the Director: Eveline Welke**
**Assistentin des Geschäftsführers/Assistant to the Managing Director: Tanja Bühring**
**Assistentin des Leiters Kommunikation/Assistant to the Director of Communication: Sylvia Strube**

**Technischer Leiter/Head of the Technical Department: Roland Konefka-Zimpel**
**Sekretärin des Technischen Leiters/Secretary of the Head of the Technical Department: Carmen Feyerabend**
**Werkstattleiter/Head of the Technical Staff: Armin Kohlrausch**
**Techniker/Technicians:**
**Diethard Behrends**
**Heinrich Dembowski**
**Dirk Heyde**
**Oliver Jander**
**André Marschang**
**Bernd Schliephake**

**Sicherheitszentrale/Security:**
**Detlev Bennecke**
**Fritz Drese**
**Bernhard Frank**
**Manfred Landgraf**
**Fred Lemme**
**Fritz Rott**
**Werner Sperling-Habekost**
**Klaus Tessmer**

**Reinigung/Maintenance: Gina Pravata**

**Museumsshop:**
**Toky Meister (Leitung/Management)**
**Pamela Cimino**
**Natascha Fieting**

**Restaurant Walino:**
**Uwe Quandt (Küchenchef/Chef de cuisine)**
**Lisa Sander (Restaurantleitung/Management)**
**Peggy Bonk (Restaurantleitung/Management)**
**Dirk Trömel (stellv. Küchenchef/Assistant Chef de cuisine)**
**Ludmilla Ebert**
**Lars Kress**
**Daniele Scafidi**

**Mitarbeiter der KUNST-WERKE BERLIN e.V./Staff of the KUNST-WERKE BERLIN e.V.**

**Vorstand/Board of directors:**
**1. Vorsitzender/President: Eike Becker**
**2. Vorsitzender/Vice President: Eberhard Mayntz**
**Schatzmeisterin/Treasurer: Kate Merkle**

**Künstlerischer Vorstand/Artistic advisory board:**
**Gründer und Künstlerischer Leiter/Founder and Artistic Director: Klaus Biesenbach**
**Kuratorische Beraterin/Curatorial Advisor: Alanna Heiss**
**Künstlerische Beraterin/Artistic Advisor: Katharina Sieverding**

**Kurator/Curator: Klaus Biesenbach**
**Kuratorische Mitarbeiter/Curatorial Associates: Ellen Blumenstein, Anselm Franke**
**Geschäftsführung/Managing Director: Judith Becker**
**Assistenz der Geschäftsführung, Kunsttransporte/Assistant of the Manager, Art Handling: Benita Meißner**
**Presse- und Öffentlichkeitsarbeit/Press and Public Relations: Beate Barner, Kerstin Walz**
**Veranstaltungen/Events: Katja Hirschfeld**
**Technischer Leiter/Technical Director: Matten Vogel**
**Restauratorin/Restorer: Susanne Welther-Fischer, Nicola Pause**
**Rechnungswesen/Accountancy: Martin Passenheim, Imke Schwärzler**
**Sekretariat/Office: Marlies Krause-Pitrowski**
**Hausmeister/House Keepers: Peter Ohm, Dieter Sielaff**
**Kasse und Information/Entrance and information: Klaus Harnisch**
**Reinigung/Maintenance: Maria de Mesa**
**Praktikanten/Interns: Sarah Miltenberger, Melanie Ohnemus, Peter Holzapfel, Anne Ridard, Katharina Fichtner**

an diesem schauplatz sehen wir eine hausfabrik.
so lang wie vier fußballfelder besteht die fabrik
aus einem einzigen baukörper. an einem fließ-
band im innern werden rohe bauteile, holz, stahl,
elektrokabel und steine zu einem kompletten
haus zusammengefügt. der produktionsvorgang
ist präzise, bis zu 15 häuser können an einem tag
konstruiert werden. sie werden auf einer stahl-
plattform mit rädern montiert, so dass sie aus der
fabrik gerollt werden können und ganz leicht zu
ihrem neuen bestimmungsort transportiert werden können. die häuser verlassen die fabrik spät
in der nacht oder früh am morgen. man kann sie
auf den autobahnen mit konstanter geschwindig-
keit zu ihren zielorten fahren sehen. oft sind sie
von blinkenden warnlampen umgeben.

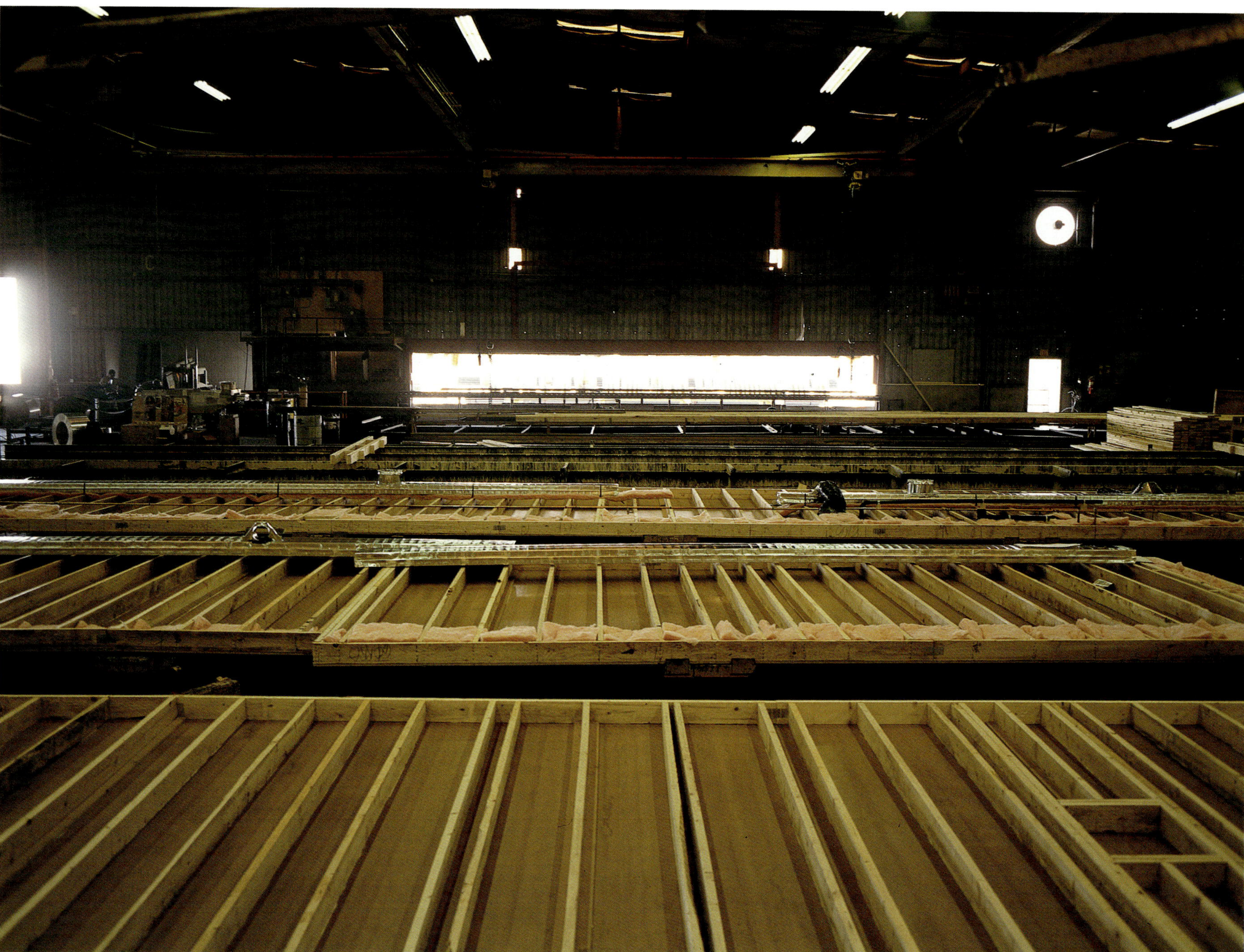

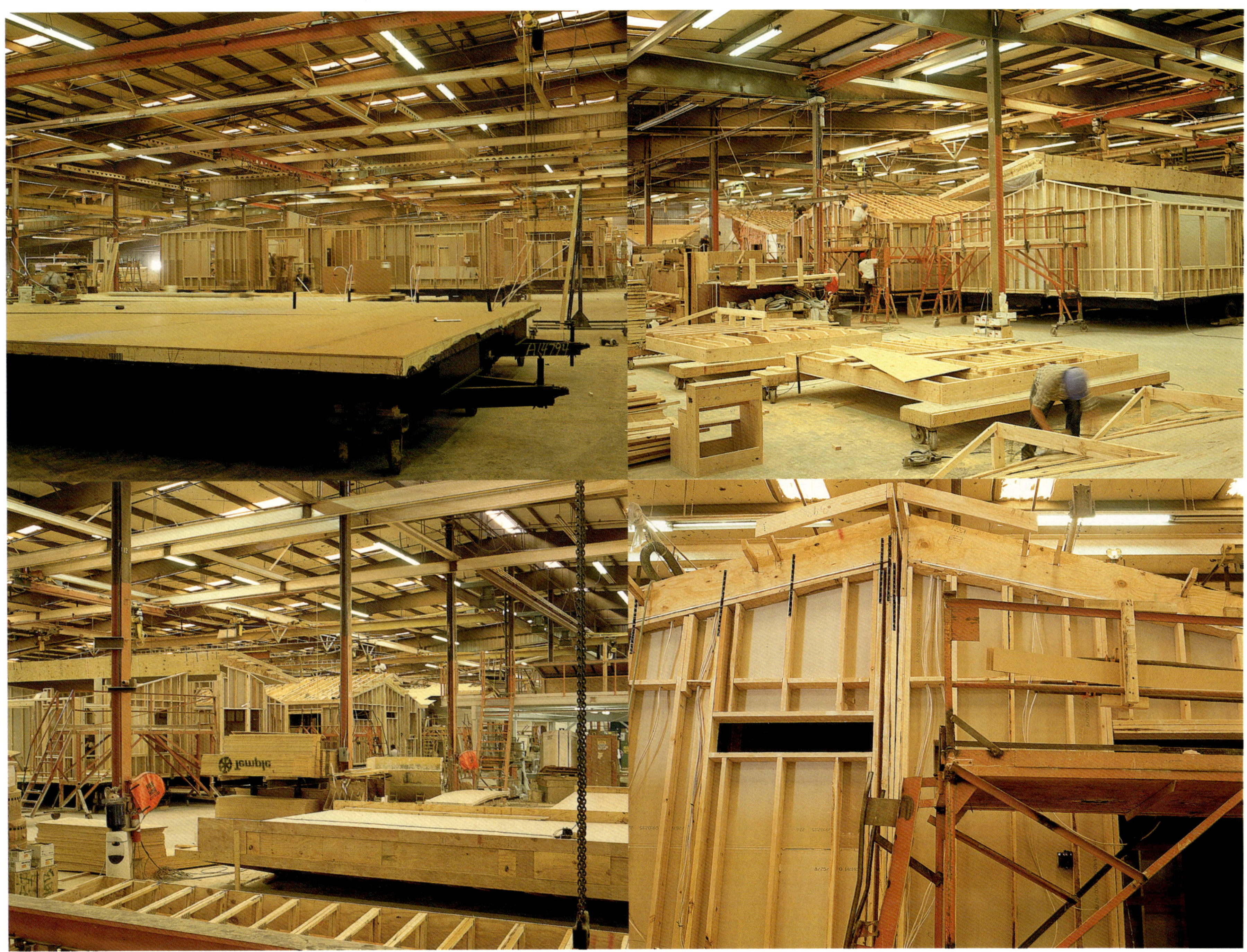

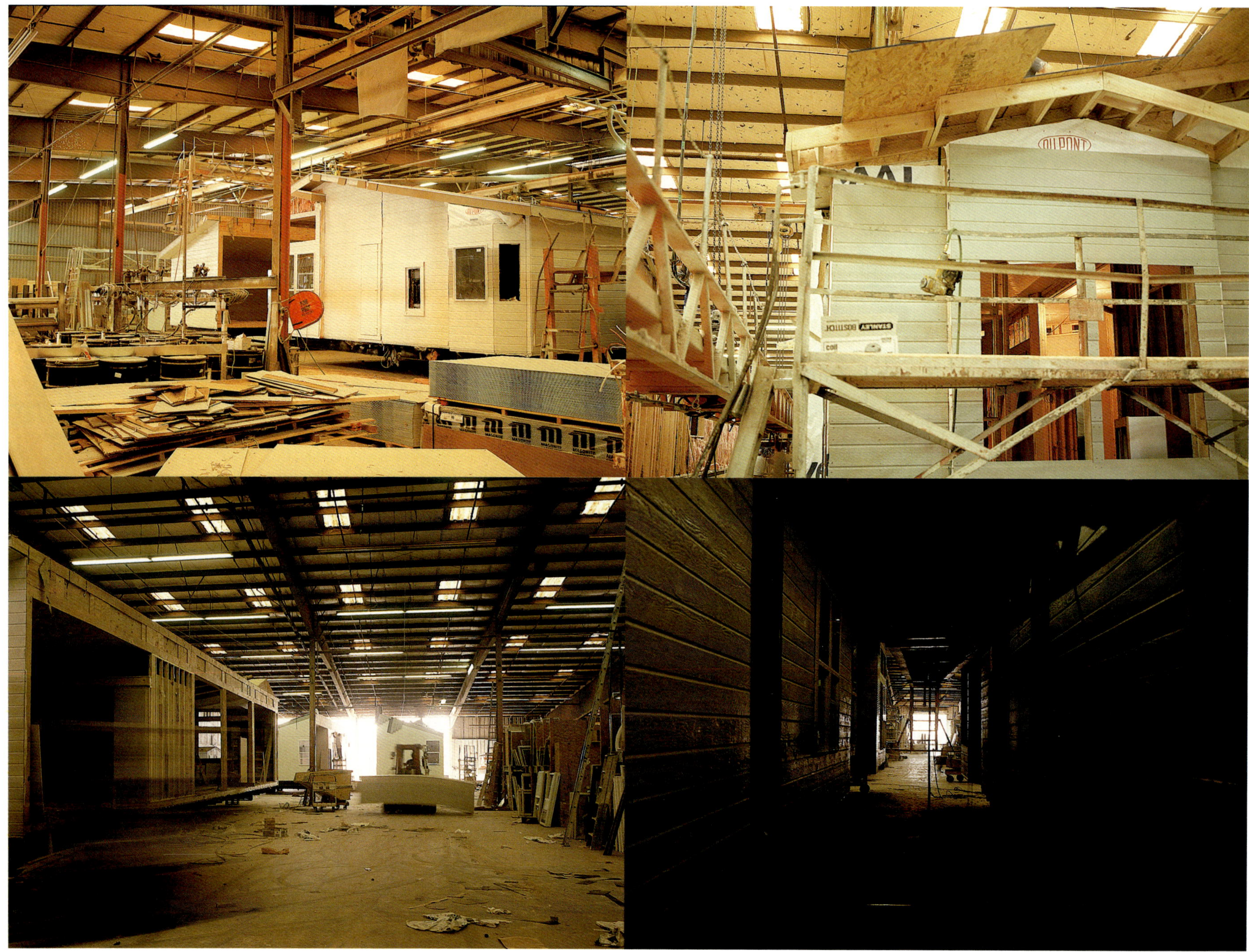

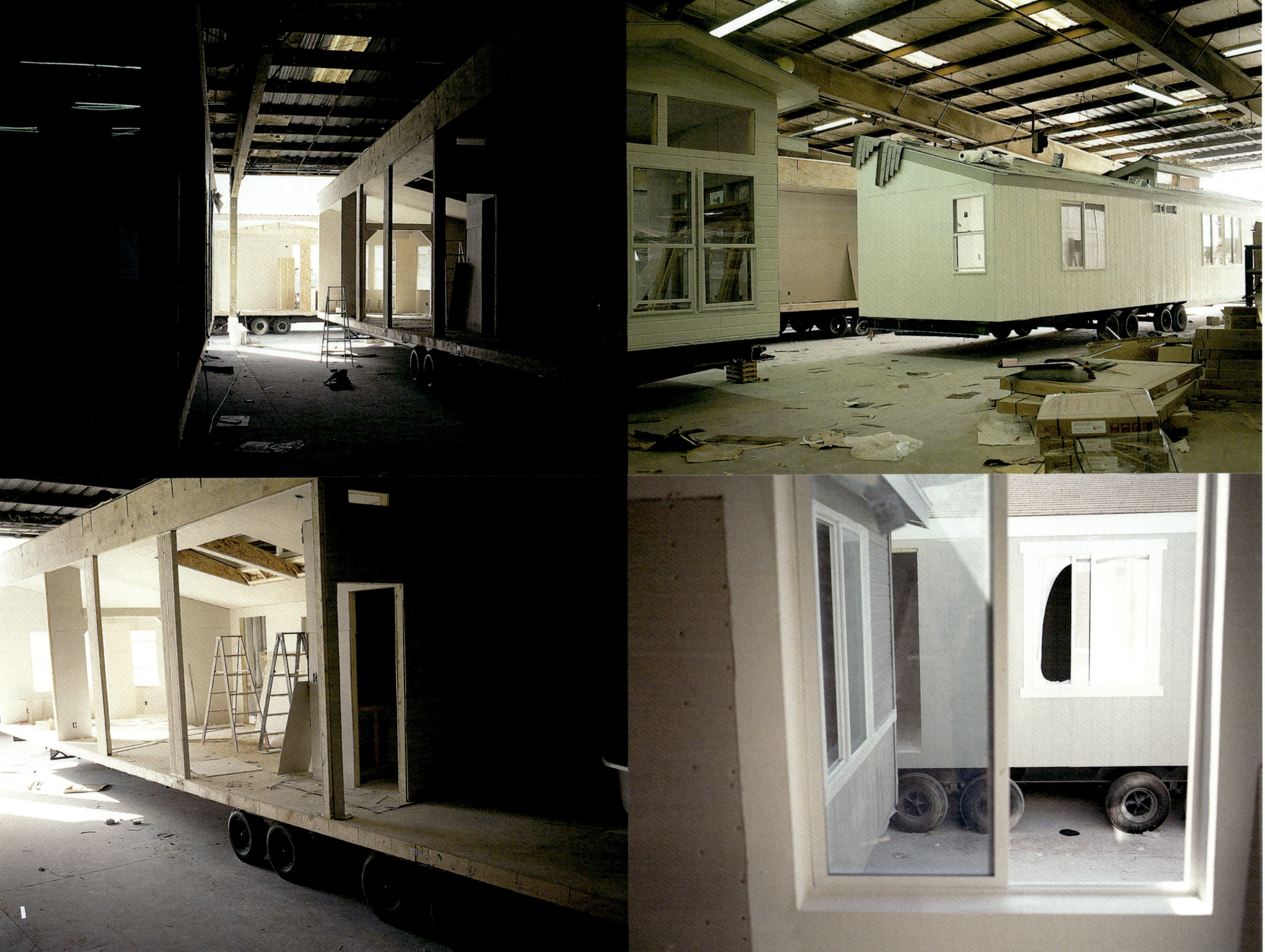

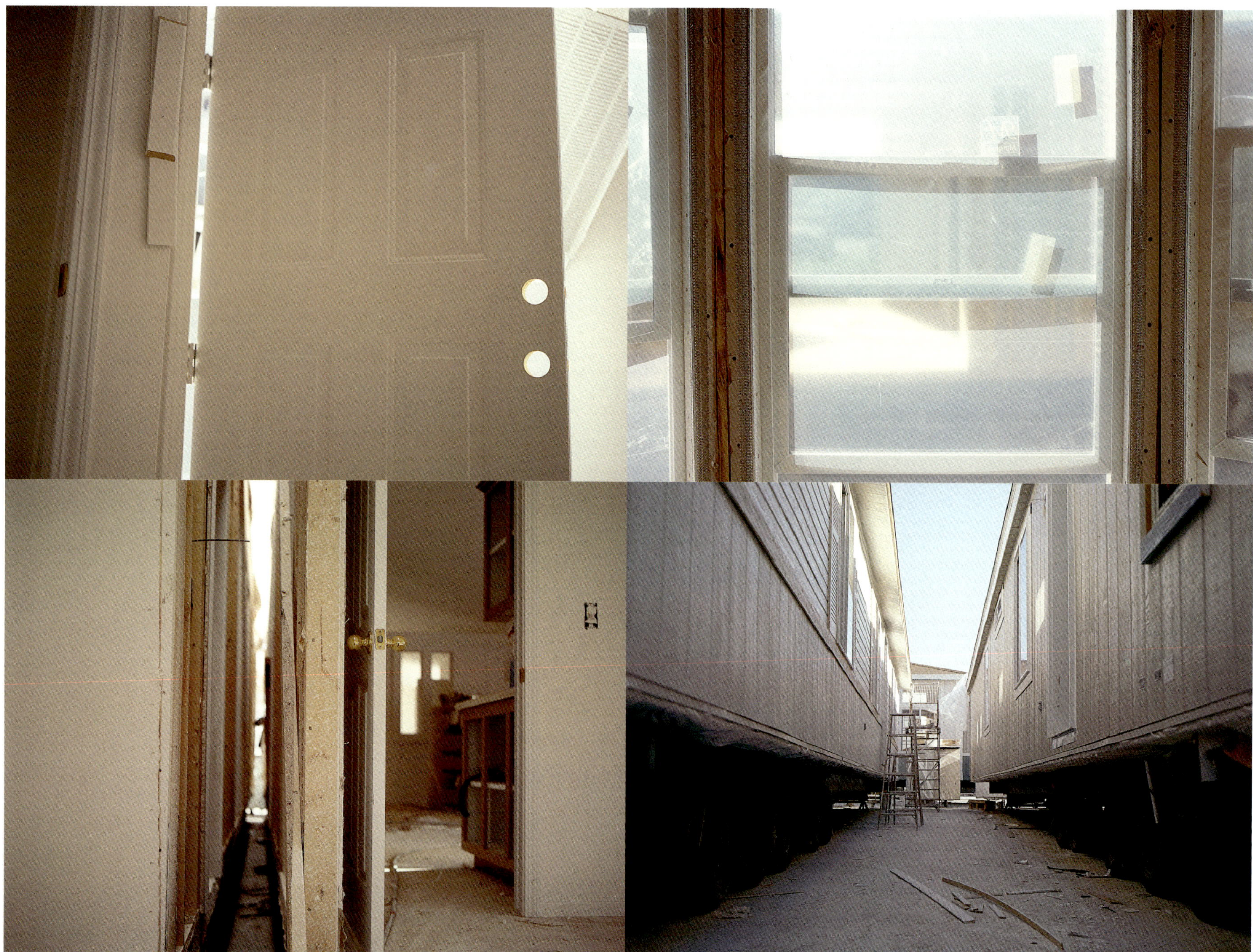

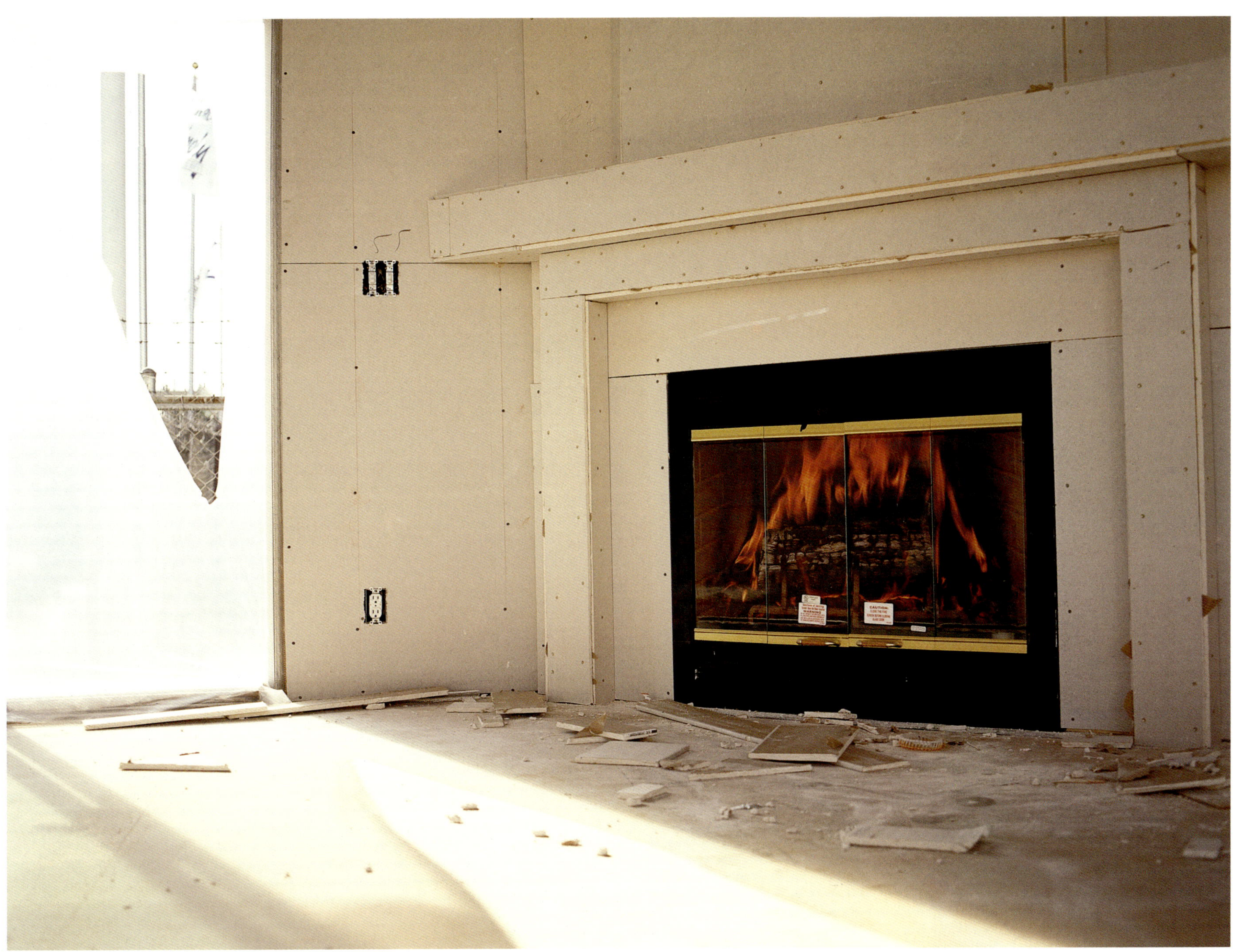

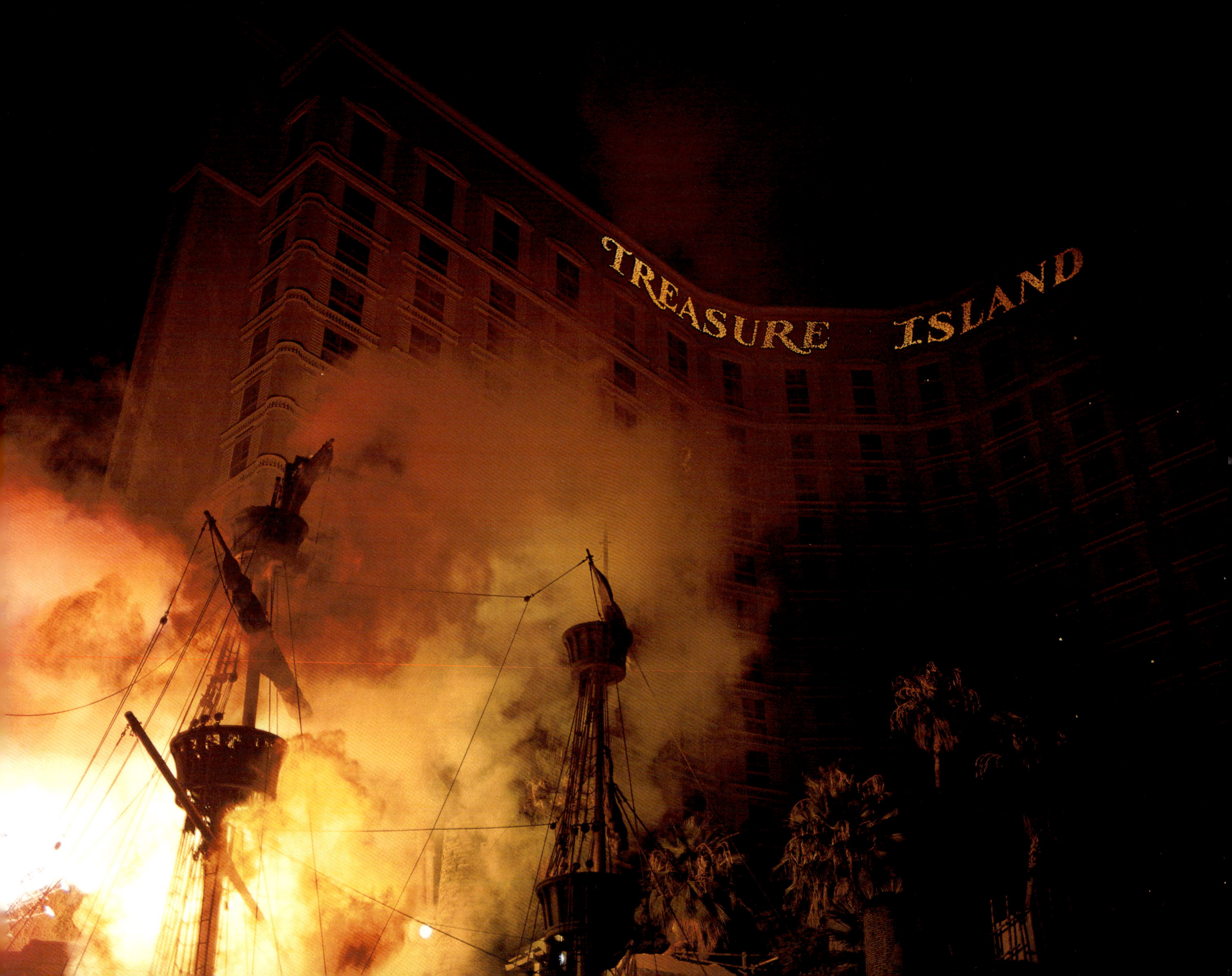

TREASURE    ISLAND

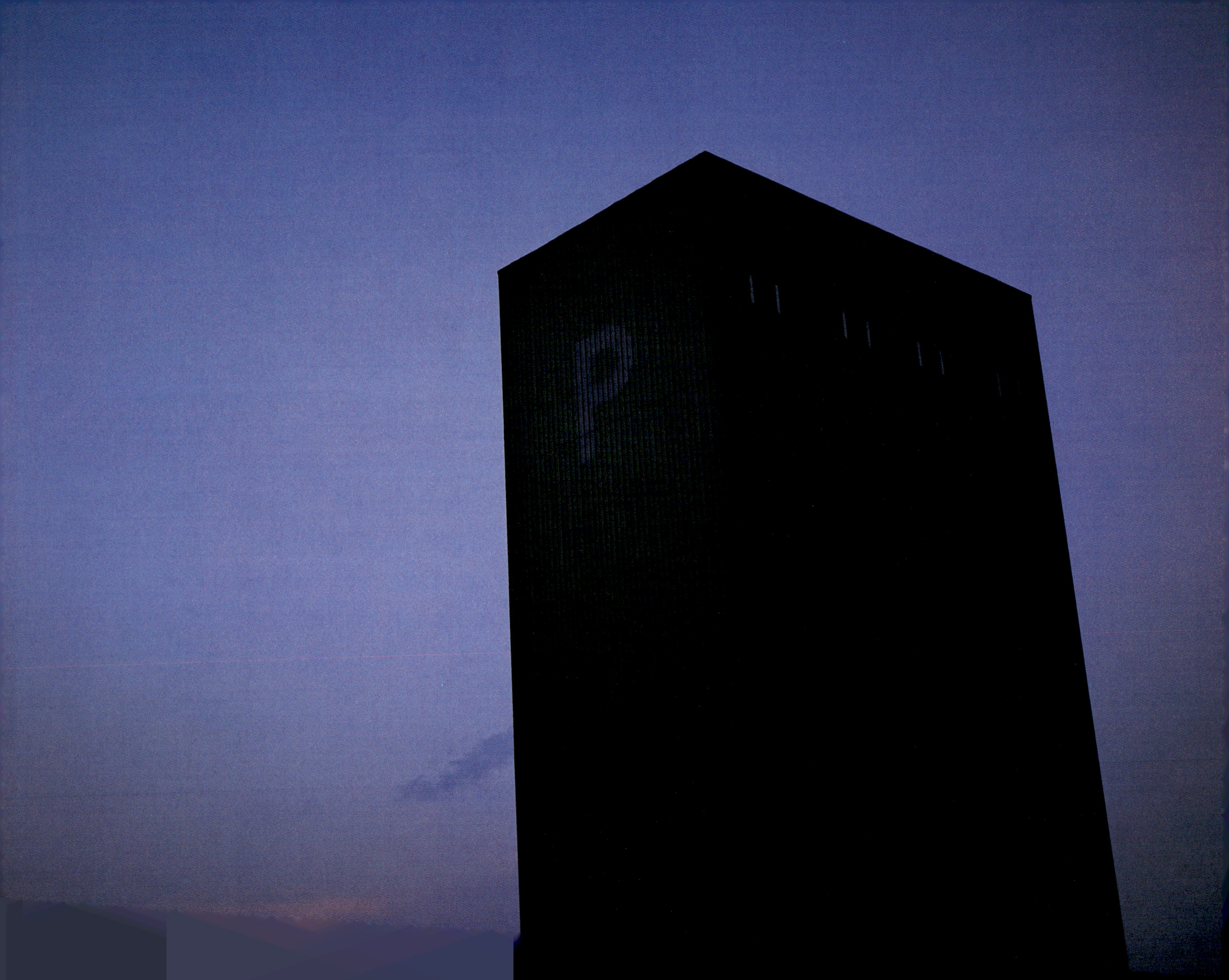

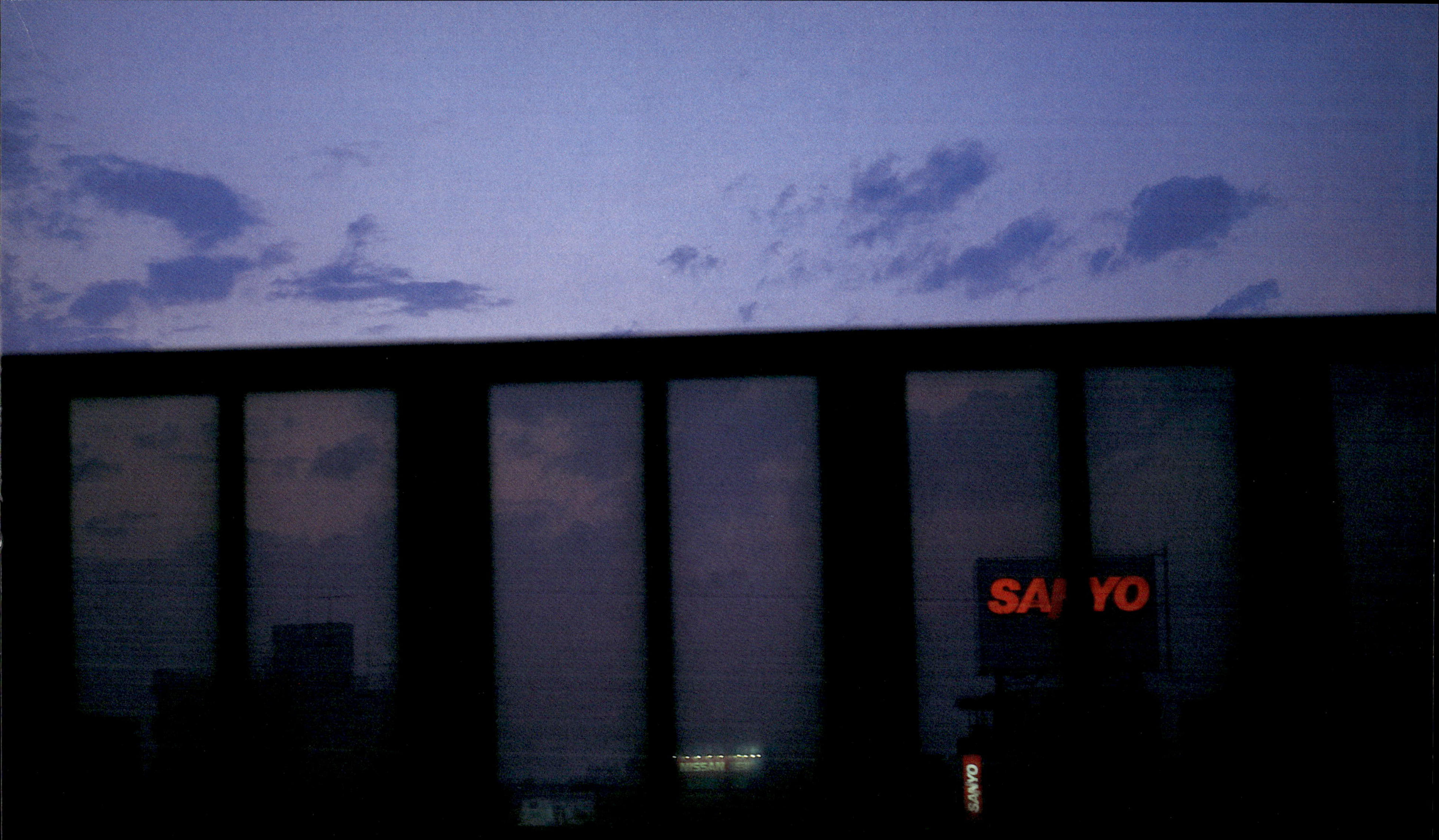

SANYO
NISSAN
SANYO

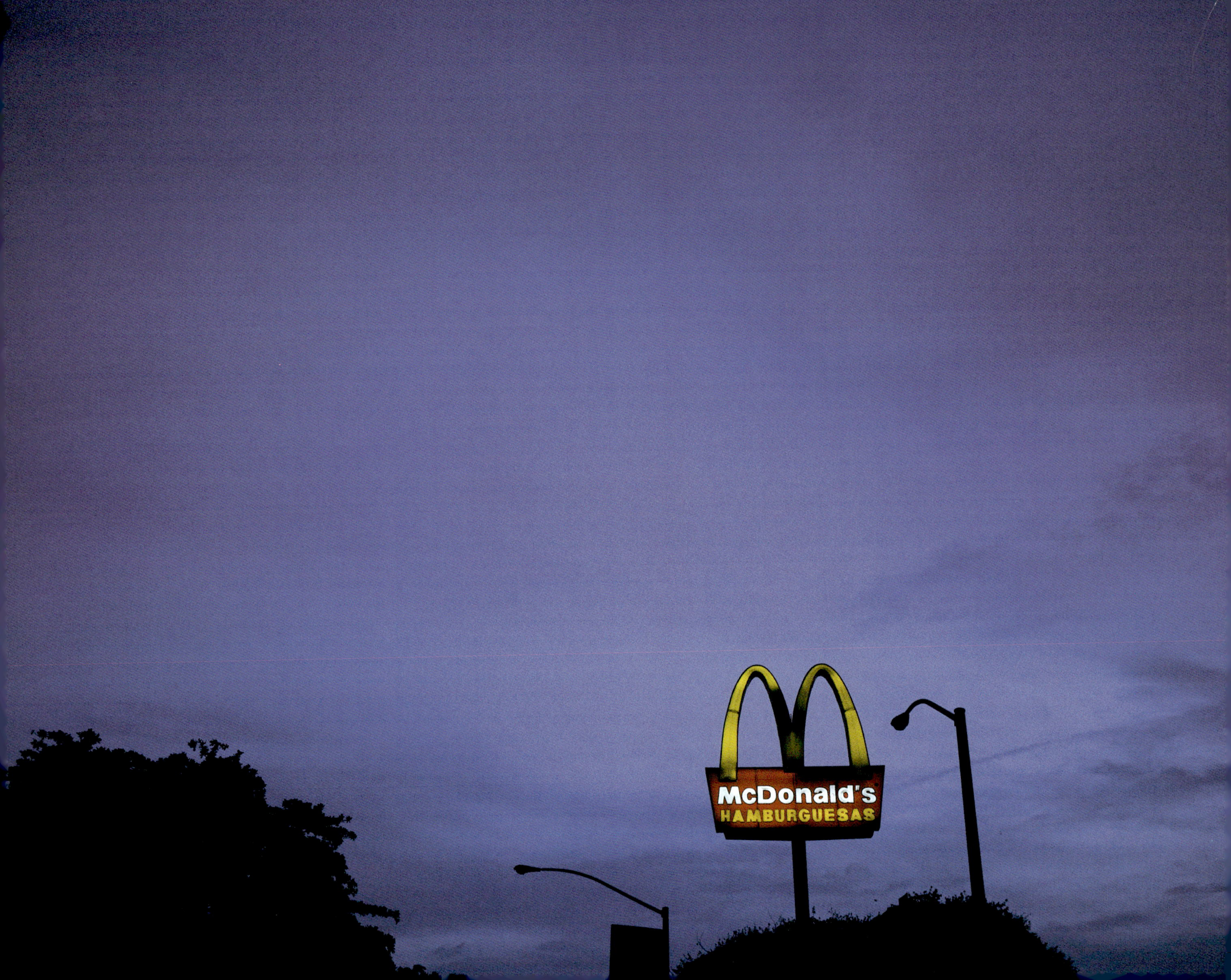
McDonald's
HAMBURGUESAS

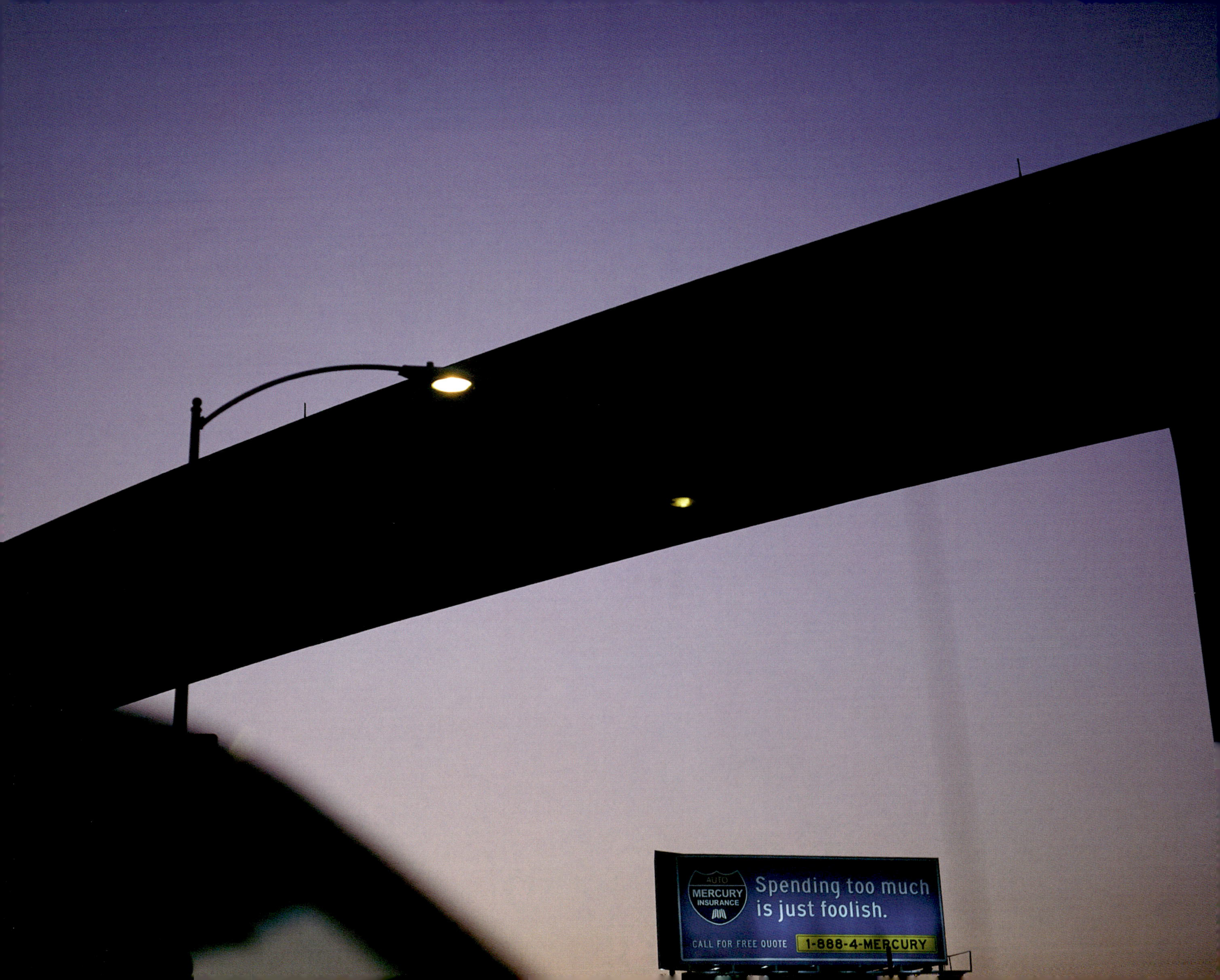

AUTO
MERCURY
INSURANCE
Spending too much
is just foolish.
CALL FOR FREE QUOTE
1-888-4-MERCURY

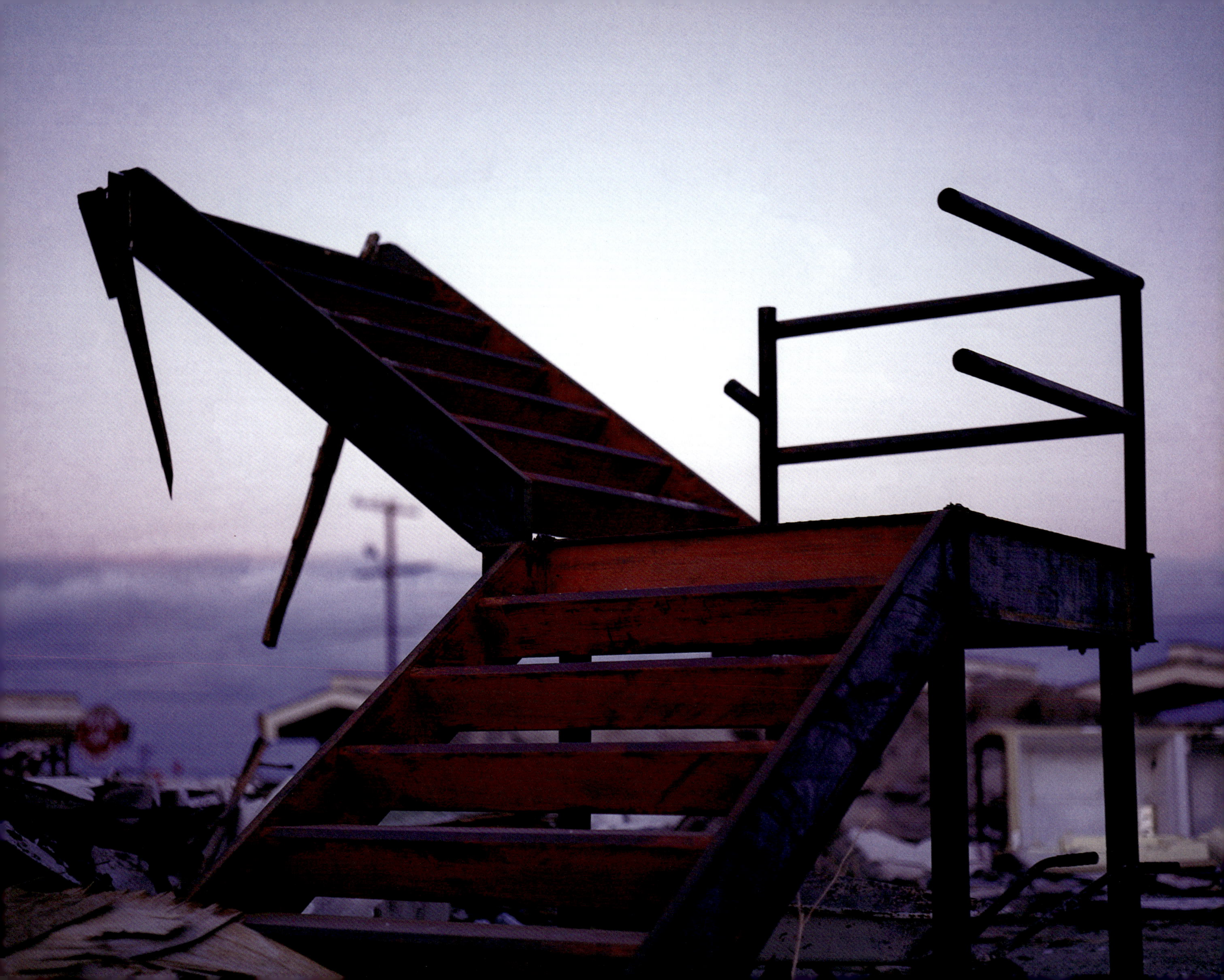

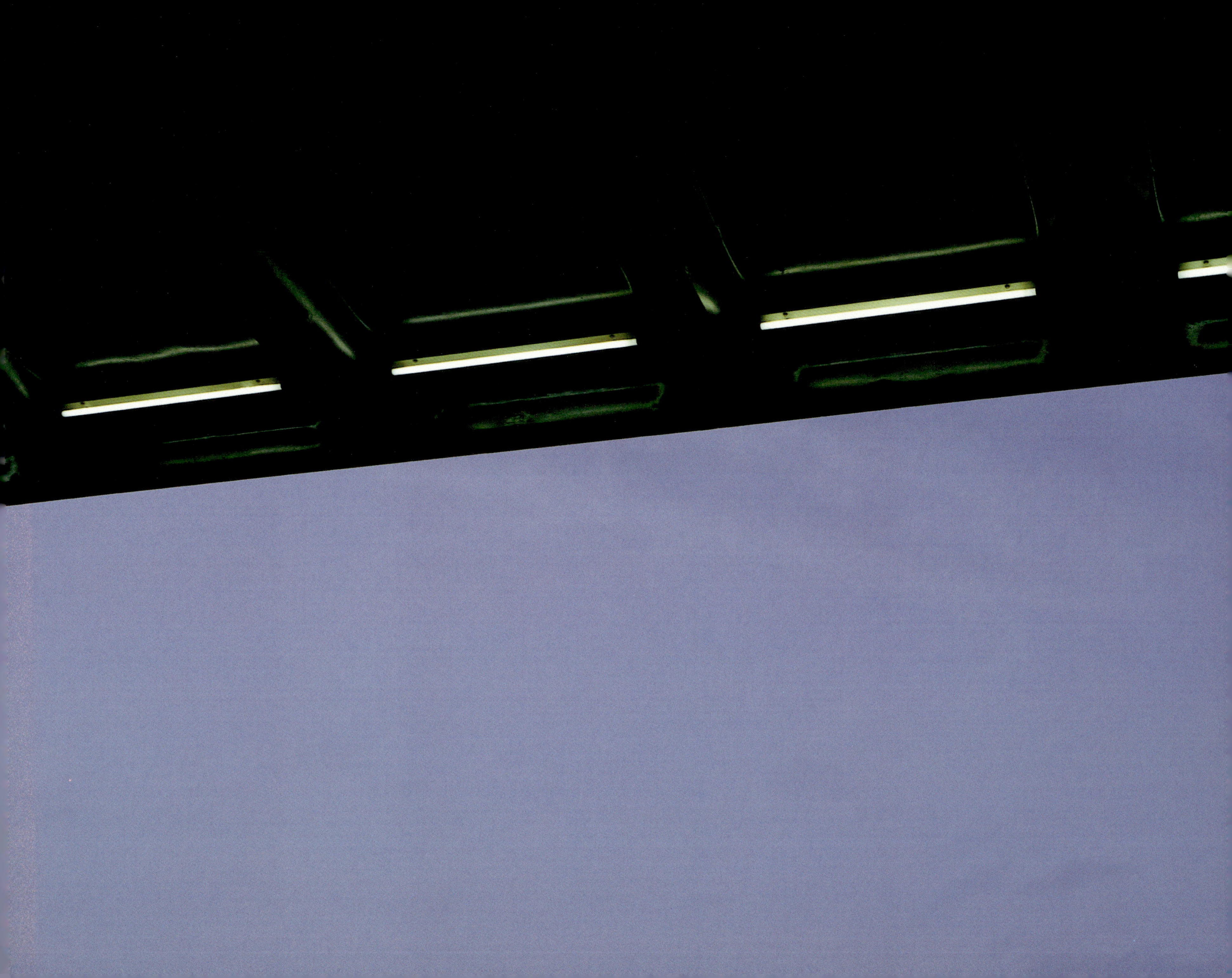

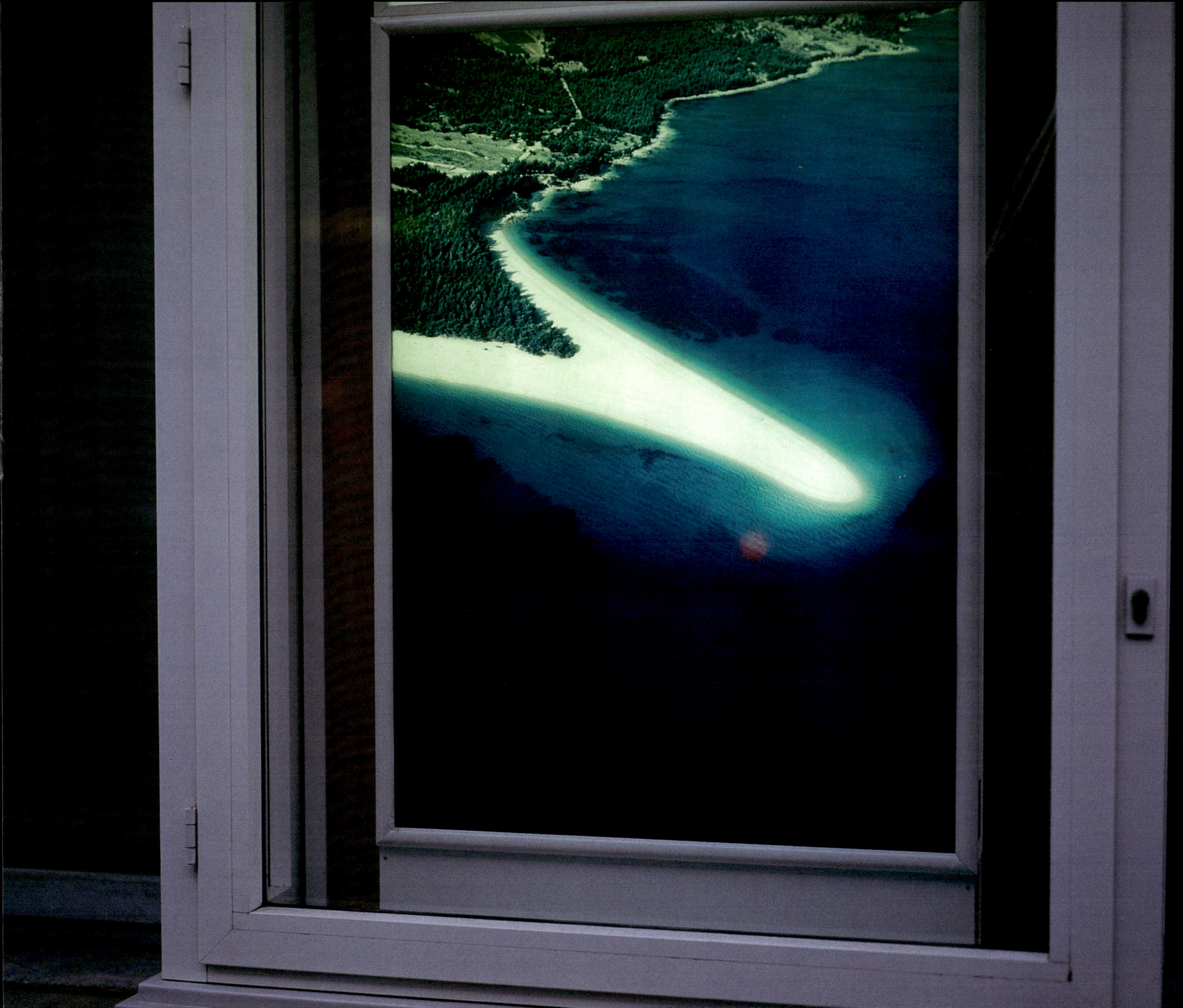

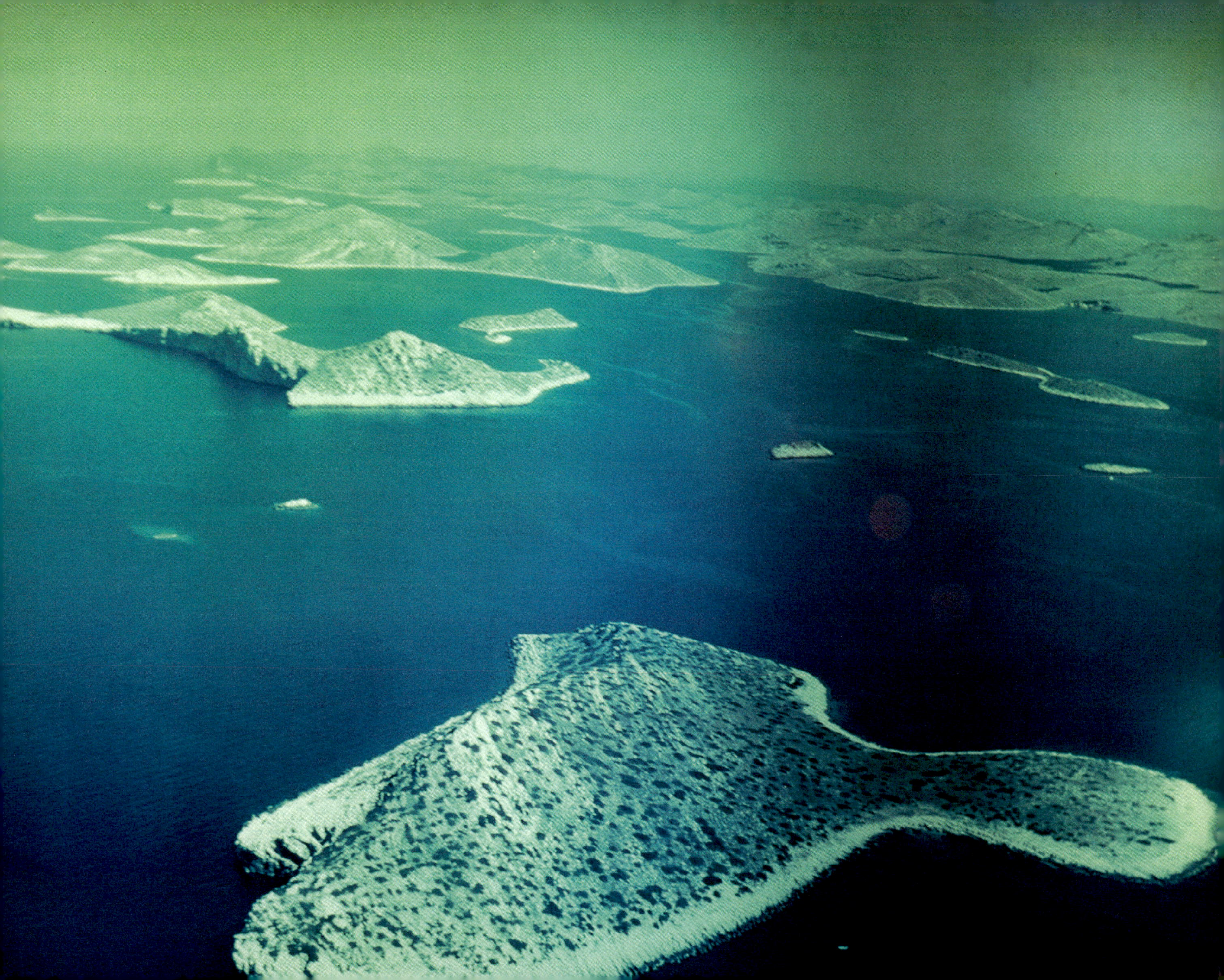

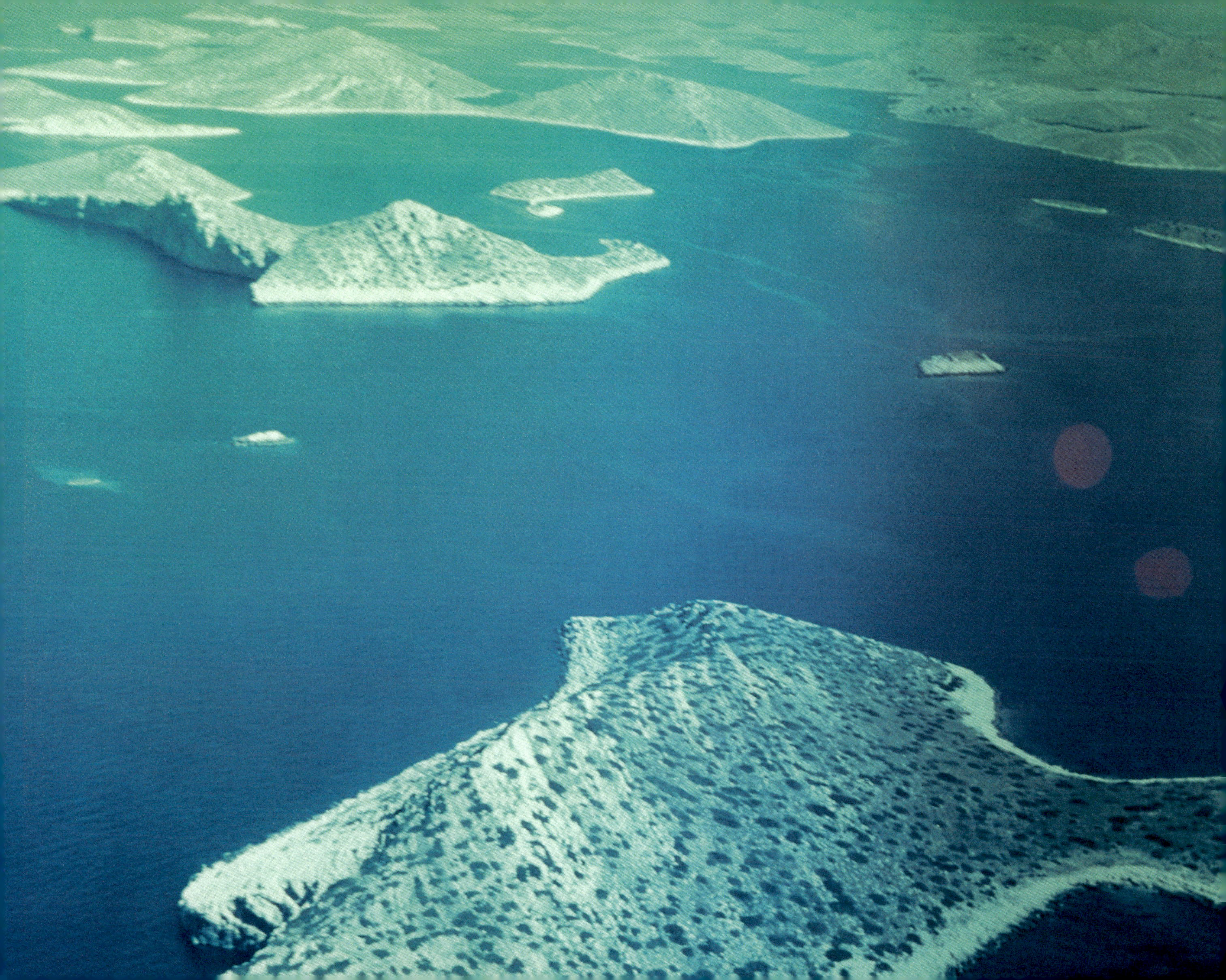

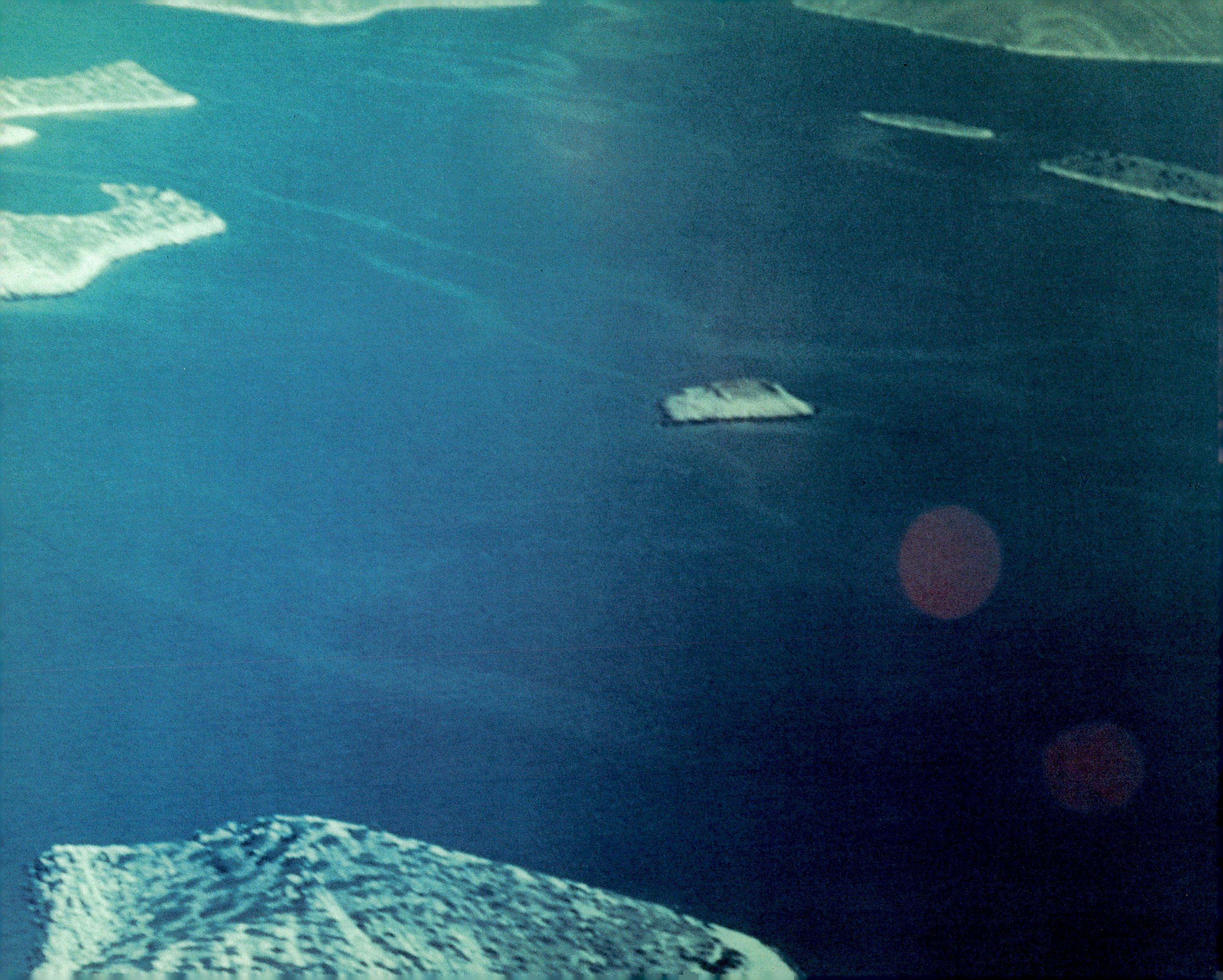

I have no memory. Every day is a new day because I don't remember the day before. Every minute is like the first minute of my life. I try to remember but I can't. That's why I got married—to my tape recorder. That's why I seek out people with minds like tape recorders to be with. My mind is like a tape recorder with one button—Erase.

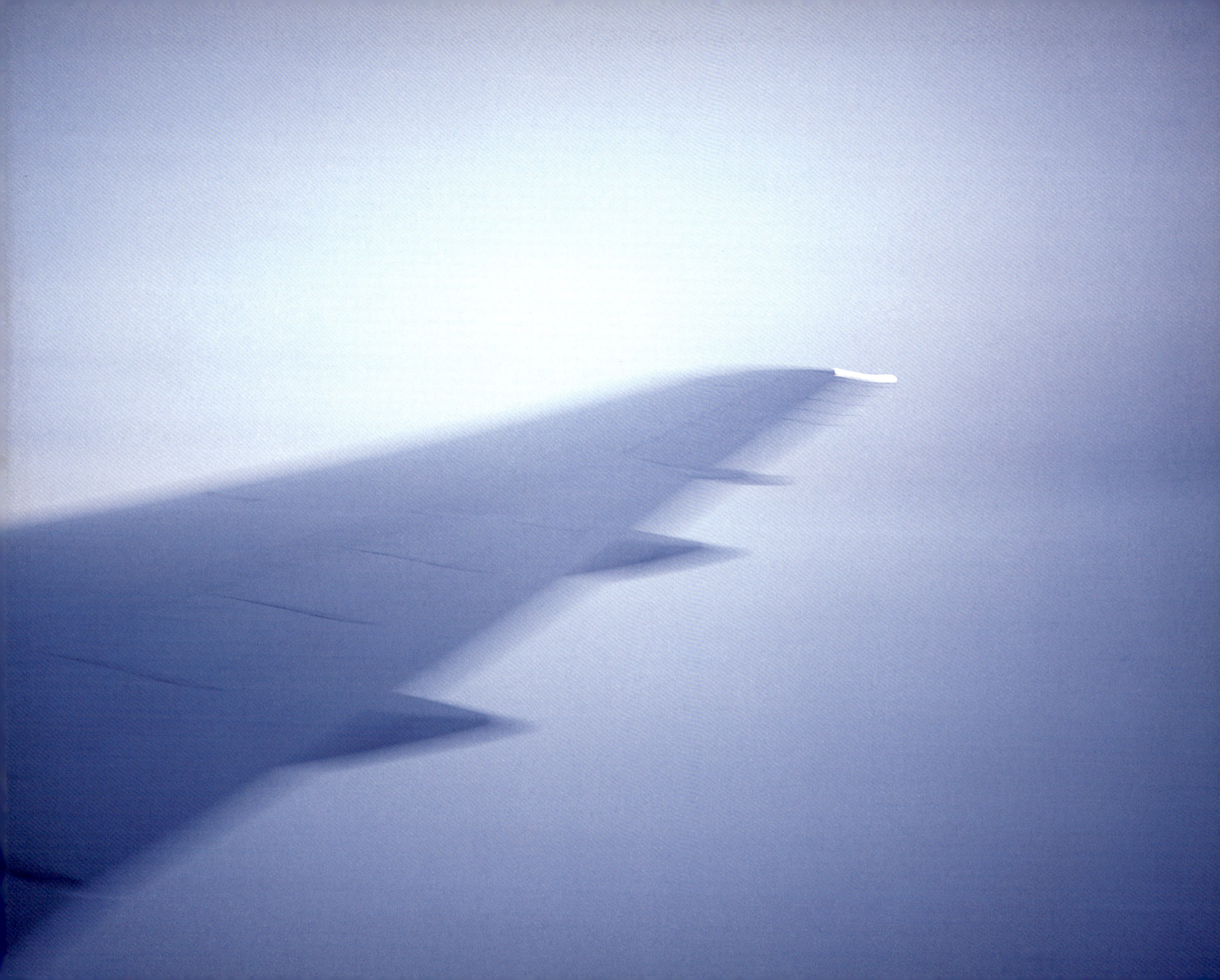

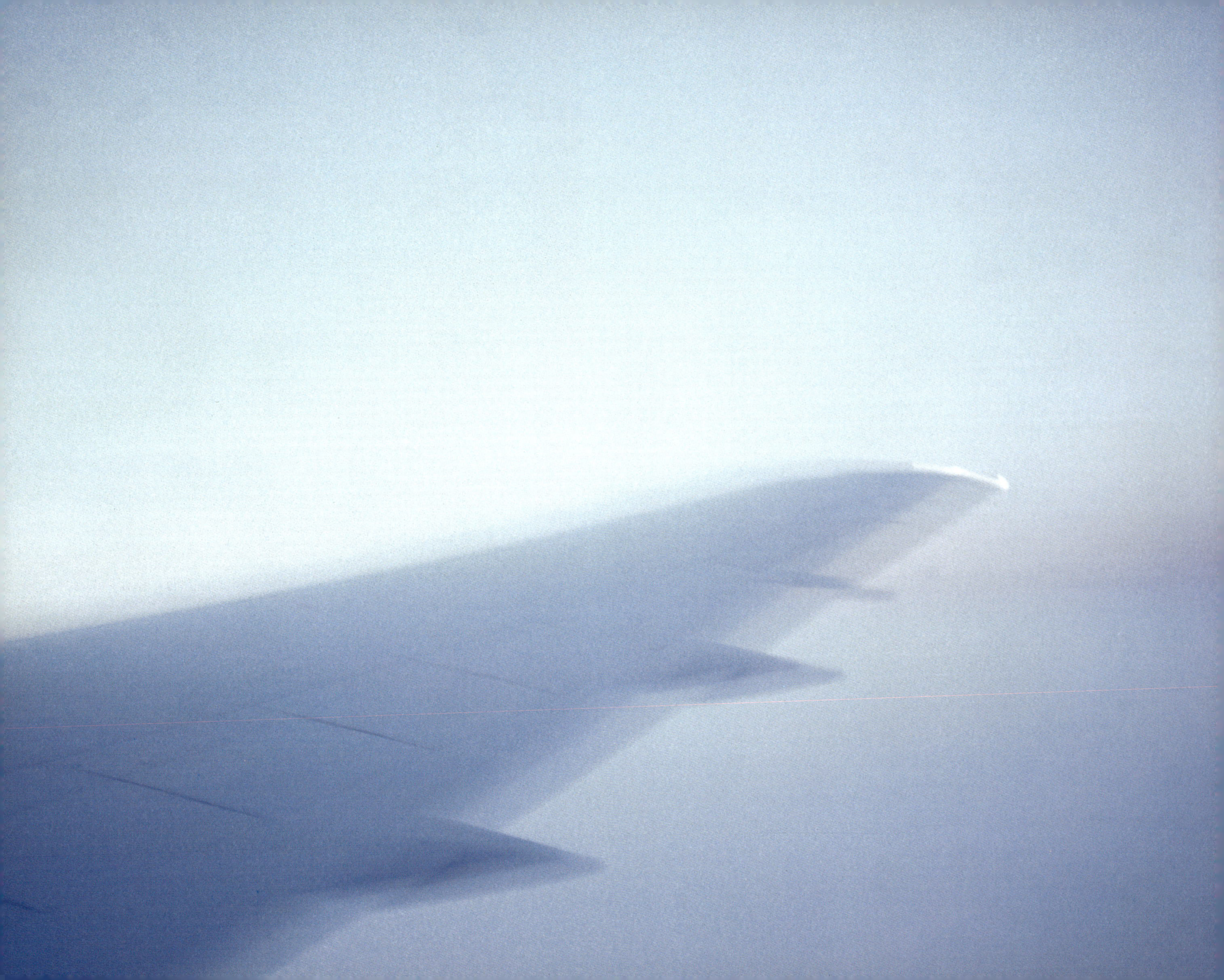